SHODENSHA SHINSHO

笑うに笑えない
の惨状

賢治

祥伝社新書

はじめに

かつて「受験生ブルース」という歌があった。作詞は中川五郎《なかがわごろう》、作曲と歌が高石友《たかいしとも》也《や》だった。今とは受験を取り巻く事情がまったく違う時代。その歌詞を挙げてみよう。

『おいで皆さん聞いとくれ　ボクは悲しい受験生　砂をかむよな味気ない　ボクの話を聞いとくれ

朝は眠いのに起こされて　朝めし食べずに学校へ　一時間目が終ったら　無心に弁当食べるのよ

昼は悲しや公園へ　行けばアベックばっかりで　恋しちゃならない受験生　ヤケのヤンパチ石投げた

夜は悲しや受験生　テレビもたまには見たいもの　深夜映画もがまんして　ラジオ講座を聞いてるよ

「今晩は英文法　テキストは58ページを開いてください

それではコガラシユウジロウ先生お願いいたします」

テストが終れば友達に　ぜんぜんあかんと答えとき　相手に優越感与えておいて後でショックを与えるさ

母ちゃんも俺を激励する　一流の大学入らねば　私《わた》しゃ近所の皆様に　あわせる顔がないのよ

ひと夜ひと夜にひとみごろ　富士山麓にオウム鳴く　サインコサイン何になる　俺らにゃ俺らの夢がある

（略）

マージャン狂いの大学生　泥棒やってる大学生　八年も行ってる大学生　どこがいいのか大学生

（略）

大事な青春むだにして　紙切れ一枚に身をたくす　まるで河原の枯れすすき　こんな受験生に誰がした

（略）

『勉強ちっともしないで　こんな歌ばっかり歌ってるから　来年はきっと歌ってるだろ　予備校のブルースを』

こんな時代もあったんだな、との感慨が深い。今から40年以上も前の1968年に作られた歌だ。最近では、お笑いタレントの坂本《さかもと》ちゃんがカバーしている。

そもそも今は、「ボクは悲しい受験生　砂をかむような味気ない」などと思っている受験生は少数派ではないか。2人に1人が大学に進学する時代となって、高校卒業後の大学進学は当たり前。さらに私立大なら、5割の受験生が推薦やAO（エイオー）入試で入学している。年内に合格が決まり、しかも競争率は2倍を切り、じつに入りやすいのだ。

さらに「アベックばっかりで　恋しちゃならない受験生」とあるが、そもそもアベックという言葉が今は使われていないし、恋している受験生は多い。大学受験は特別なものではなくなってきているのだ。

「テレビもたまには見たいもの　深夜映画を我慢して　ラジオ講座を聞いてるよ」と

いうのは、今では考えられない。今は夜中の番組はお笑いの人たちが出てくるが、昔はほとんど映画が流れていた。パソコンやスマホ、ゲーム機などは何もなかった時代で、手軽な娯楽はテレビぐらいだった。さらに今ではテレビやネットで行なわれている、さまざまな受験用の講座があるが、昔はそれはラジオで流れ、ラジオを聴《き》きながら勉強していた。当時の受験生は、深夜ラジオを聴きながら勉強を頑張《がんば》るのが普通だった。〝四合五落〟といって、睡眠時間4時間で合格、5時間だと不合格などと言われていた。

「一流の大学入らねば　私しゃ近所の皆様に　あわせる顔がないのよ」などというのも、今はすたれてきている。当時は大学進学率は13・8％にすぎず、およそ7人に1人が進学していた時代で、今は2人に1人だから、大学卒がまだまだエリートだった時代。高校進学率も76・8％で現在の98％よりかなり低い。エリートが進むのが大学だったというわけで、親も力が入ったのだろう。

「マージャン狂いの大学生」など、今はいないだろう。大学周辺に雀荘は、もはやほとんどない。みんなゲームである。

「紙切れ1枚に身をたくす」も、ピンと来ないかもしれない。以前は合格電報など、地方から受験に来たら合格発表まで滞在できないので、合否を見て電報を打ってくれるサークルなどの学生に頼むのが一般的だった。

ネット発表など一切ない。今はだいたい掲示で合格発表されるのが稀《まれ》なことで、合格電報の風習はなくなった。かつて「サクラサク」は合格、「サクラチル」は不合格ということだった。

面白い文面もあった。東京大では「アカモンハヒラク」は合格、「イチョウチル」は不合格。しかも当時の電報は、すべてカタカナだった。

最後に「来年はきっと歌ってるだろ　予備校のブルースを」とあるが、今は浪人生はほとんどいない。みんな現役でどこかに受かってしまう。医学部やら東京大などの難関大を目指す受験生でないと、浪人しないようになってきているのだ。

古き良き時代かもしれないが、受験生は当時のほうが悲愴《ひそう》感があったように思う。この歌を懐かしく思う人がいる一方で、まったく知らない元受験生も多いのではないか。

大学受験も変わった。入試制度も受験生気質も。40年も経《た》つと、何もかも変わるのだなと思ってしまう。

二〇一三年八月

安田賢治《やすだけんじ》

目次

第２章　入試が大きく変わった　53

第3章　学部・学科の人気も大きく変わった　107

第4章　受験生の大学情報収集法　135

第5章　大学入学後〜就職までも大きく変わった　163

第1章　大学が大きく変わった

全入時代到来で、大学には入りやすくなった

大学冬の時代と言われて久しい。しかし、今や就職の状況と同じように、大学の置かれている状況は、冬を通り越し氷河期に突入したと言っていいぐらいで、それほど厳しい環境にある。少子化がもたらした18歳人口の減少による大学マーケットの縮小は、じわじわと学校経営を圧迫しているのが現状だ。

最近の私立大の学生募集停止は、２０１０年に5校、２０１１年に2校、２０１３年に2校となっている。大学がつぶれるというのが現実になり始めているのが、数字の上からもよくわかる。

学校法人は企業と異なり、経営が立ちゆかなくなったからといって即座に破綻《はたん》するわけではない。もともと大学や短大の設立は、文部科学省の認可が必要で勝手に設立できるものではなく、設立後もさまざまな形で制度的に学校法人は守られているのだ。

民主党政権時代、田中真紀子《たなかまきこ》前文部科学大臣が、新設大学を認可せずに大問題となった。新設を申請している大学は、認可されるまでに文部科学省との綿密な打ち合わ

せを不断に行なってきている。不適切な部分については文部科学省の指導のもとで改善しながら、認可に漕《こ》ぎつけるのが一般的だ。今回、一時的とはいえ認可されなかった3校としても、その手順を踏んできていただけに、大臣による突然の不認可は納得できなかったのだろう。

２０１３年に新設を目指していた大学は、前年に設置認可申請を行なう。もちろん、申請するまでに文部科学省と事前の打ち合わせを何度も行なっている。その段階では、今回、話題になった3校以外にも、新設を申請していた大学があった。しかし、その後、最終的な認可判断を受ける前に、申請を取り下げている。それだけ厳しいチェックを受けながら認可に漕ぎつけるのだ。

まったく新しく大学を設立する時は、その経営母体となる学校法人を設立するところから始まる。最初に、大学を設立したいと考える創立者が、土地、校舎などを学校法人に寄付する。認可後は、学校法人が主体的に大学を運営していく。だから、認可された時から、大学は私立と言えども国民のものになる。学校は課税されないし、私立大の場合は国から税金である助成金をもらうことができる。学校法人に株式はないが、譬《たと》えてみればホールディングスのようなものだ。その傘下に複数の大学、短大、専門学校、高校、中学校、小学校、幼稚園などを擁《よう》している。最終的に学生が集まらず、学校法人の存続を断念した時は、解散することで清算する。

２０１３年、文部科学省が初めて、まだ在学生がいる状態の創造学園大などを経営する、群馬の学校法人堀越《ほりこし》学園（東京の堀越学園とは別法人）に解散命令を出した。タレントの酒井法子《さかいのりこ》がソーシャルワーク学部に入学したことで話題になった大学だ。文部科学省はもはや再建不可能と判断し、在校生は近隣の大学に転校することになった。

これは最悪のシナリオで、普通ならその前段階として、大学自らが学生募集停止に踏み切る。そして、在学中の学生が全員卒業すると、解散ということになる。２０１３年から学生募集を停止した東京女学館大がその一例だが、こちらは中高もあり学校法人は存続するが、大学は廃校になるわけだ。なかには学生募集停止を行なわず、いきなり解散に踏み切る学校法人もあるが、その時は在学生の受け入れ先の大学を探すことが必要だ。今回は学校法人堀越学園側は経営存続を望みながら、監督官庁の文部科学省がダメ出しした。

創造学園大は特殊なケースだが、大学の破綻が相次いでいる。こうなってきた背景には少子化がある。少子化で受験生が減り、学生が集まらない大学が続出しているのだ。18歳人口がどれほど減ったかは、〔表1〕（19ページ）を見ていただくとよくわかろう。

第2次ベビーブームで子どもの数が増え、その人たちが受験に挑んだ1992年が、受験生数のピークだった。この時には約121・5万人もの受験生がいた。1985年が丙午《ひのえうま》年生まれの人が大学受験する年に当たり、18歳人口は少なかったが、その翌年の1986年から受験生は増え始める。1986年から1992年までの7年間は〝ゴールデン・セブン〟と言われ、受験生が爆発的に増えた時だ。どこの大学にも志願者が押し寄せ、まさに受験バブルだった。

この当時は受験生が100万人を超え、ミリオン入試と言われたくらい入試が厳しく、10校ぐらいは併願するのは当たり前だった。「スベリ止めでは生ぬるい、コロガリ止めを受けなさい」などと予備校の進路指導が、受験生にアドバイスしていたほどだ。偏差値を10以上も下げた大学を受けないことには、合格が危なかったのだ。浪人したとしても翌年も受験生が増えるため、入試はけっして楽にはならず、現役合格を目指す受験生が多かった。

しかし、このような受験バブルに終焉《しゅうえん》が来ることは、ピークの92年にはすでにわかっていた。その年の出生者数を見れば、18年後の受験生数の察《さっ》しがつく。つまり、少子化時代の到来は、学校関係者なら誰でもわかっていたことなのだ。現在のように学生募集停止になる大学、経営が厳しい大学が増えることは、関係者なら十分に予測できたはずだ。ところが、多くの大学では長期ビジョンの視点が欠けていた。まだ世の中がバブル景気の名残に浮かれている時でもあり、大学も受験バブルに酔っていたのだ。

当時の大学関係者は「他は知らないが、ウチは大丈夫」という、根拠のない自信を持っているところがほとんどだった。志願者の圧倒的な多さ、高い競争率、優秀な学生が入学してきているという好景気が毎年続いていたのだから、現在のような惨状を想像できなかったのも無理はない。

表1　18歳人口推移（1991〜2012年）

年	18歳人口（万人）	受験生数（万人）	大学数（校）	短大数（校）	進学率（%）
1991	204.5	119.9	514	561	37.7
1992	**204.9**	**121.5**	523	571	38.9
1993	198.1	120.7	534	584	40.9
1994	186.0	116.5	552	593	43.3
1995	177.4	113.3	565	596	45.2
1996	173.2	109.6	576	**598**	46.2
1997	168.0	104.7	586	595	47.3
1998	162.2	99.2	604	588	48.2
1999	154.5	93.2	622	585	49.1
2000	151.1	88.9	649	572	49.1
2001	151.2	88.1	669	559	48.6
2002	150.3	87.7	686	541	48.6
2003	146.5	85.4	702	525	49.0
2004	141.1	82.7	709	508	49.9
2005	136.6	79.8	726	488	51.5
2006	132.6	78.0	744	468	52.3
2007	130.0	77.1	756	434	53.7
2008	123.7	74.3	765	417	55.3
2009	121.2	73.6	773	406	56.2
2010	121.6	74.6	778	395	**56.8**
2011	120.1	73.7	780	387	56.7
2012	119.1	72.2	**783**	372	56.2

□はピークを表す
文部科学省データ

そして、ピーク翌年の1993年から受験生は減少し始める。それと歩を一にして大学入試の易化《えきか》が急速に進む。92年に4倍ほどの競争率があった大学・学部が、その4年後にはついに1倍台にまで下がることが起こった。入学時には入試が厳しかったのが、卒業時には誰でも入れるようになったわけだから、学生には気の毒というほかない。

92年には約121・5万人もいた受験生が、2012年には受験生数どころか18歳人口そのものが、それを下回る約119・1万人にまで落ち込んでしまう。4年制大学の受験生数は、92年に約92万人だったのが、2012年には約66・1万人となり、28・2%も減少した。

一方、入学者数は92年の約54・2万人から、12年は約60・5万人、逆に11・6%も増加している。志願者と同じだけ入学者が減っていれば、昔のままの厳しい入試だったはずだ。それが志願者は減り入学者が増えたのだから、大学に入りやすくなるのは当然のことだ。

現役で大学に進学するのが、当たり前の時代に

倍率（志願者数÷入学者数）は１９９２年の１・７倍から２０１２年は１・１倍に下がった。また、４年制大学に進学を希望しながら、入学できなかった受験生（志願者数－入学者数）は、92年には37・８万人もいたのが、12年には５・６万人に激減している。20年前のおよそ７分の１にまで減ってしまったことになる。苦労なく大学進学できる時代になったことが、この数字からも読み取れる。だから、大学全入時代到来と言われるのだ。

大学に入学を希望しながらも果たせなかった５・６万人の浪人生は、全受験生のわずか８・５％にすぎない。今や当然のように現役で大学に進学できる時代だ。このような状況でも、あえて浪人するのは「どうしても医師になりたい」とか、「東大、京大など難関大に行きたい」とか、目標がはっきりした一部の受験生か、これほど入りやすい時代なのに全部落ちてしまった受験生しかいないと言っていい。

目標がしっかりしている浪人生の中には、仮面浪人ならぬ合格浪人が増えているという。たとえば、仮面浪人とは早慶に合格し東京大に落ちた受験生が、早慶に在学し

ながら翌年、東京大を目指すという場合を指す。翌年、東京大に合格すれば1年生からやり直しになり、早慶への学費が無駄になる。しかし、東京大に落ちてしまっても、早慶の2年生に進級できるためロスが少なく、昔は仮面浪人がけっこういた。早稲田大のある学部の元学部長は「退学願いが出されるのですが、どれもこれも東大に入学するためという理由ばかりで、情けない気持ちになりました」と話すが、それもしかたのないことだろう。昔はたくさんいた。

仮面浪人は今でもいるが、「最近、増えているのが合格浪人です」と、予備校関係者は言う。これはたとえば、現役の時に早慶に合格しても、東京大に不合格になったら早慶には進学せず、潔《いさぎよ》く浪人してしまう人たちのことだ。不況の影響もあるが、早慶と予備校の二足の草鞋《わらじ》を履《は》かずに、予備校だけに入学して経費を削減して東京大を目指すのだ。「だったら早慶を受けなければいいではないか」とも思えるが、早慶を受けるのは「現役の時に早慶に合格したのだから、浪人すれば東大に合格できる」と自分に言い聞かせるためだ。言ってみれば早慶受験は、模試代わりということになる。こういった浪人を合格浪人と呼び、最近、増加してきている。

ただ、全体としてみれば浪人生は少数派だ。大学進学を希望する９割の高校生が現役で進学している。親にとっても不況の現在、現役で大学に進学してもらうに越したことはない。浪人すると大学と同じぐらいの学費がかかってしまう。さらに、浪人したところで、翌年、目標の大学に合格できる保証は何もないのだ。

有名大学進学にこだわらなくなった受験生

また、昔と違うのは受験生の有名大学へのこだわりが、薄れてきていることだ。予備校の入試担当者は「地方では地元の国立大に進学できればそれでいいとの考えが強く、あえて東大にこだわる受験生は減っています。首都圏でも昔は私立大志望者の中に、早稲田と慶應は別格との考えがありましたが、今は早慶と明治、立教、上智など、それほど差がないと考えている受験生が多くなっています」と言う。

保護者のほうも、有名大学へのこだわりが薄れてきている。かつて存在した記念受験は減り、確実に安全に合格を確保する受験が一般的になっている。有名私立大では１人で何校も合格しているように思うが、今はそれほどでもない。その結果、１大学の併願学部数が減っている。慶應義塾大の12年の受験生の併願学部数は1・42にとどまっている。1学部しか受けない受験生がもっとも多いのだ。大手予備校の入試担当者によると「受験生や保護者に『どうしても早稲田に入りたい』『慶應以外は行かない』などというこだわりが薄れてきているように感じます」と言う。浪人生が減っていることにも、この考え方が影響しているようだ。

昔ならこの大学に何が何でも入りたいからと、文系全学部を受けた猛者《もさ》がいたものだ。それが今はそれほどのこだわりを持つ受験生は、ごく少数になってしまったようだ。

学歴より学習歴重視の社会に変わりつつあることも影響していると見られる。本人が希望しない限り、親が子どもに浪人を勧《すす》めることはなくなってきている。本人が浪人を希望しても、そのまま合格している大学に進学させる親も多い。母親の中には「浪人すると生涯賃金が減るから、ぜひとも現役で」とまで言う人もいるほどだ。

こうなると、当然浪人生がいなくなってくる。だから予備校の経営が厳しい。予備校を廃業してしまったところもあれば、大学や専門学校などに生まれ変わり、生き残りを図《はか》っているところもある。大手予備校でも「浪人生だけを対象にしていたのでは生徒が集まらない」と嘆《なげ》き、現役生対象コースに力を入れるようになってきている。

現役生向けでは衛星で授業を配信したり、オンデマンドでライブではなく録画授業をひとりで見て勉強するスタイルも広がっている。さらに、学校で予備校の衛星授業を受講することができる制度を設けているところもある。教員では受験対策まで手が回らないということだ。予備校の形態も変わってきているのだ。

文部科学省が発表している進学率を見ると、50年ほど前の１９６２年には大学進学者は10人に１人だった。それが30年後の１９９２年に４人に１人になり、２０１２年には２人に１人が大学に進学するようになってきた。こうなってくると、いやがおうにも大学進学の意味が変わってくる。かつてはエリート育成機関だった大学が、いつのまにか大衆化し、誰でも進学できるように変わってしまったのである。

もっと勉強したいと思っても、以前なら進学するのに学力が求められ、ハードルは高かった。しかし、今は難関と呼ばれる一部の大学を除けば、それほど学力を求められず、「大学進学希望制」に近づいていると言ってもいいぐらいだ。探せば日本のどこかに進学できる大学があることは間違いない。その結果、学力の低い生徒でも、大学に進学できるようになってきた。「将来の目標が見つからないから、とりあえず大学に」と考える高校生が、ますます増えていることは間違いない。

そうなると、理の当然として大学生の学力低下は進む。一時、分数の割り算ができない理系の学生が話題になったが、四則計算ができない文系の学生も増えているという。

たとえば「5＋2×2－6÷3」という計算だ。答えは「7」になるが、これを「$\frac{8}{3}$」と解答する。「×」「÷」を先に計算することを忘れ、端《はし》から順に計算していくのだ。5＋2＝7→7×2＝14→14－6＝8→8÷3＝$\frac{8}{3}$という答えに行きつく。これは小学校の算数の分野である。この程度の知識がなくても大学には進学できるといういい見本だ。

しかし、この状態では就活で困ったことになる。採用試験などで簡単な数学の問題が出題されることもあるからだ。そこで、大学の中には先の就職のことを考え、小学校の計算ドリルを学生にやらせているところも出てきている。

学力がなくても合格するのだから、大学には入りやすくなっている。これはトップの大学でも変わらない。実質競争率（受験者数÷合格者数）を見てみよう。1992年と2012年を比べると、東京大は4・5倍→4・3倍、京都大は4・7倍→2・8倍、早稲田大は10・1倍→5・3倍、慶應義塾大は5・2倍→4・3倍、上智大は6・0倍→4・4倍、明治大は7・0倍→5・0倍、立教大は7・4倍→5・1倍、同志社大は4・4倍→3・0倍などで、いずれもダウンしている。

今後も18歳人口は減少していく。特に2018年から一段と減っていくため、大学は「2018年問題」として大変な危機感を抱いている。昨年の出生者は102万人にとどまり、18歳人口は増える気配すらない。

そうなると、いよいよ大学は学生募集に窮《きゅう》することになり、崖っぷちに立たされ、学生募集自体を停止する大学が増えていく。逆に受験生にとっては、一部の難関有名大学を除けば、ますます大学に入りやすくなり、勉強しなくても進学できることになるわけだ。

大学の増加で、定員割れの私立大が約5割に

大学に入りやすくなっている理由は、受験生の減少だけではない。大学が増えていることも一因だ。4年制大学は92年には523校だったが、12年には783校へと260校も増え、約1・5倍になった。

最近でも大学は右肩上がりで増えている。13年は3校が新設された。内訳は公立大1校、私立大2校。これだけマーケットが縮小していても、大学は毎年、増え続けている。

なぜ、92年以降、18歳人口が減り、明らかに学生募集が厳しくなることがわかっている中で、大学は増え続けてきたのか。誰しも疑問に思うところだ。

その理由のひとつには、社会の変化のスピードが速くなってきた上に、社会が高度化してきていることがある。それに合わせた新しい分野の学部、それに伴《ともな》う大学が設置されているのだ。

たとえば看護がそれに当てはまる。以前は短大や専門学校が人材育成を担《にな》っていた。それが医療の高度化、深化が進み、看護学科が大学に設置されるようになってき

ている。92年に看護学科は９大学にしか設置されていなかったが、12年には１８０大学に設置されるようになったことに驚かされる。この20年で、なんと20倍に増えているのだ。２０１４年には２００大学を超えると見られている。今では全都道府県に設置され、看護学科は日本の大学の中でもっとも多い学科になった。

さらに、医療技術系に分類されるリハビリテーションを担う理学療法士や作業療法士などを育成する学科も、続々と大学に設置されている。これに合わせて、看護や医療技術系の大学が新設されているのである。

看護師は慢性的な人材不足の職種でもあり、不況が続く中でも就職状況は堅調で受験生には人気が高い。地方自治体が市民病院などでの看護師確保を考え、地元に看護学部や看護大学を誘致するケースも見られる。地域と連携して設置される看護学部も増えている。

短大が４年制大学に変わっている

この他にも新設大学が増えている理由に、短大を４年制大学にスクラップ・アンド・ビルドしていることがある。

かつて短大は女子の進学先として絶大なる人気を誇った。女子は短大を卒業して一流企業に就職し、寿《ことぶき》退社するのが一般的な時代があった。就職でも金融などを中心に採用枠は広かった。逆に4年制大学卒の女子は、寿退社するまでの勤務期間が短大卒より2年短いこともあって敬遠されていた。今では考えられない時代だ。

それが女性の社会進出がより積極的になり、男女共同参画社会が実現していくにつれ、女子受験生の4年制大学志向が強まっていく。仕事を結婚後も続けるのが一般的になってきたこともある。社会の仕組みが変わってきたのだ。

それに合わせて、短大や女子大より共学の大学への進学を望む女子受験生が増えた。さらに、女子の選ぶ学部も多彩になってきた。以前なら女子というと文、外国語、教育、保育、家政などの系統に進学する場合が多かった。今ではそれらの学部・学科だけでなく、法、経済、経営などの社会科学系学部に加え、医、薬、看護、農など理系学部への進学も珍しくなくなった。〝リケジョ〟(理科系女子の略)が増えている。看護学部などの医療系に進学する女子受験生が増えていることが、リケジョ増加に一役買っている。

このように劇的に進学環境が変わってくると、短大志望の受験生は減り、短大の生き残りが厳しくなる。それに追い打ちをかけるように、短大を併設している付属校からの進学者が減少し始めた。付属校の生徒が併設の短大に進学せずに、よその４年制大学に進学してしまうのだ。しかも付属校には、他大学進学に向けての受験体制が、親や生徒から求められるようになってきた。

短大側にしてみれば、学生募集が厳しい上に、身内とも言うべき付属校からも進学してもらえないのでは、入学者確保がますます厳しくなっていく。また、付属校側からすれば、短大にエスカレーター式に進学できることが、生徒募集の看板にならなくなったことから、他大学への進学に力を入れて生き残りを図ったのだ。

短大は構造不況に陥《おちい》り、女子短大を共学に変えたり各種の改革が試みられたが、有効打はなかった。外国人学生を入学させる方法もあった。なかでも有名なのが酒田短大の事件だ。２００１年に山形にあった酒田短大に在学していた中国人学生が、キャンパスから遠く離れた都心で働いていた問題が発覚した。在学生はほとんどが中国人で、短大は全員の行方《ゆくえ》をつかむことはできなかった。翌年の入試で日本人学生の受験者はゼロ、結果的に文部科学省から学校法人の解散命令が出された。外国人で定員を満たすことも、うまくいかなかったのだ。

こう見てくるとわかるが、短大として存続していくための決め手となる改革は今のところ見つかっていない。その解決策として浮上してきたのが、短大を4年制大学にすることや、もともと大学を併設しているところでは、新しい学部への改組となったのだ。

これは有名大学の短大でも変わらない。人気の高かった学習院女子短大は、新しく学習院女子大に改組された。その他でも慶應義塾大、成城大、東洋大、明治大などの短大が、大学の学部に改組された。もはやこれらの大学に短大はない。大手総合大学の短大は、青山学院女子、上智など数えるほどになってきている。

この結果、短大はこの20年で571校から382校へ189校、約3分の1も減った。短大が減って大学が増えているのだ。一時は、短大は大学より数が多かった。1953年から短大は大学を上回る校数だったが、1996年をピークに減り始め、1

９９８年には逆転して大学が多くなる。今でも短大は年々減り続けている。入学者数も92年の約25・５万人から、12年は約６・４万人になり４分の１に激減しているのだ。

しかし、短大を４年制大学に改組したからといって、ブランド大学ならいざ知らず、すぐに志願者が集まるほど大学を取り巻く状況は甘くはない。歴史のある４年制大学でも入りやすくなっているのに、新しくできた名の知られていない４年制大学に進学する生徒は多くはない。そのため、短大の時と変わらない志願者数、あるいは以前にもまして学生が集まらない大学も出てきている。

従って、定員割れの私立大も多くなる。日本私立学校振興・共済事業団の調査結果によると、定員割れの私立大の割合は２００７年から２０１２年まで、39・７（07年）↓47・１（08年）↓46・５（09年）↓38・１（10年）↓39・０（11年）↓45・８％（12年）と推移している。定員割れの大学が半分近くになってきているのだ。

どこの大学が定員割れしているのかは公表されていない。各大学が自ら公表しないことにはわからないようになっている。このあたりは企業が決算を公表しているのとは異なる。「在校生が不安がる」「ますます学生が集まらなくなる」「風評被害が起きる」など、さまざまな理由から公表は見送られているようだ。

定員割れでも安心、定員充足でも厳しい大学

基本的に大学は定員通りに入学者がいると経営は安定するが、定員を割ると厳しくなってくる。ただ、なかには定員割れしていても経営が安泰な学校法人も少なくない。たとえば併設の高校や専門学校の経営が順調で、大学が赤字でも学校法人全体としては黒字という場合だ。不採算部門を別の部門が支えているという構図だ。

もちろん、大学の赤字がストレートに学校法人の経営に響くケースも多い。そういった大学では積極的にコストカットを進める一方で、学生募集にさらに力を入れていくことになる。

こんな例がある。初めて大学が定員を割り、学校法人の理事長が「たかだか入学定員が400人の大学なのだから、各高校から1人入学してもらえば定員は埋まるはず。全教職員で高校訪問しなさい」と号令をかけた。たしかに400校の進路指導教

諭が、いい大学だと認めて生徒を1人ずつ送ってくれれば定員は埋まるし、翌年以降も学生募集は安定しそうだ。この考えは納得できよう。ピックアップした400校を、学生募集担当だけでなく、教職員全員で手分けして複数回訪問した。

翌年、その努力の甲斐《かい》もなく定員割れが悪化。そうするとその年は「倍の800校を回れ」と大号令が出された。しかし、それでも定員は埋まらず、その翌年はさらに倍の1600校を回ることになったという。

全国に高校はおよそ4500校あるから、まだこの方法は通用するが、やがて限界が来る。この理事長は数値目標を立て入学者の確保を考えたわけだが、そもそもこの方法は得策ではない。入学定員400人の大学で定員を割っているとしたら、受験してくる高校の数は400校もないはずだ。

そうなると、1600校回ったとしても、その大学のことをまったく知らない高校の進路指導教諭にも説明に出かけることになる。それは在校生が一度も志望したことがない、受験したこともないから知らないということと同じだ。生徒が志望しないのだから、基本的にその大学への関心はない。いくら大学から説明を受けたからといって、生徒にいきなり受験を勧《すす》めるとは考えにくい。

また1600校となると地元だけでなく、地方の高校も含まれてくる。しかし、今は東京大や早稲田大、慶應義塾大など東京のトップ大学でも、首都圏からの入学者が増え、地方からの入学者が減っているご時世だ。それほど特色がなく定員を割っているような大学に、わざわざ地方から進学してくるとは思えない。

そうなると、1600校を回っても効果はさほど期待できない。逆に訪問を受けた地方の高校間で「おたくに○○大学来た？　3回？　誰も受けていないのに熱心だよね、かなり危ないのかも」との噂《うわさ》が広がる可能性だってある。

それよりも、高校回りに使う予算を大学の中身の充実にかけたほうがいいだろう。たとえば就職支援に力を入れる、就職先開拓で企業回りをするほうが学生のためになろう。それは就職率のアップにつながり、出口重視の大学との評価も得られる。今の受験生や保護者の大きな関心事は就職なのだ。遠回りのようだが、かえって学生募集に役立つはずだ。どうも足で稼ぐ学生募集で、学生は集まると安易に考えてしまう経営者が多い。学生募集だけで学生が集まる時代は終わった。今は中身の充実が求められている。

さて、もう一度、定員割れの推移を見てほしい。08年に最悪の47・1%を記録した後、09年から10年に定員割れが46・5%から38・1%に改善していることがわかる。これは08年秋に起きたリーマンショックによるものだ。

リーマンショックによって景気が落ち込み、学生にとって就職が厳しくなった。起こったのが08年の秋だったため、09年卒業予定の大学生の就活はほぼ終わっており、内定取り消し騒動が発生したものの、おおむねそのまま採用された。

しかし、10年に卒業する学生の就活から、企業が採用を手控え就職は厳しくなった。就職氷河期の到来である。それは大学生に限ったことではなく、高校生の就職も同じように厳しくなった。高校生は就職を諦《あきら》めて、大学などへの進学に進路を切り替える人が増えた。4年後なら、就職状況は好転しているとの期待もあったろう。

ただ、進路を切り替えた高校生は、そもそも受験勉強をしていない。就職しか考えていなかったのだから、当たり前のことだ。高校3年の秋に就職を断念したとすれば、そこから進学できる大学を探すことになる。そうなると、入りやすい大学を狙《ねら》うしかない。そのため、学生募集が厳しく、入りやすい大学を志望し、定員割れが改善したと考えられるのだ。皮肉なことだが、景気が悪くなると大学の定員割れは改善するということになる。高校を卒業して大学、短大、専門学校などへ進学する高校生は、今や8割近くに達している。高校を卒業して働く人のほうが少数派になってきた。

12年はやや景気が回復したこともあり、定員割れの私立大が増えた。定員が5割未満の大学は18校もある。在学生数が定員の5割未満の大学は、助成金をもらえない。もはや破綻の危険性は黄色信号と言っていいだろう。田中真紀子前文部科学大臣の「大学が多すぎる」という発言は、大学関係者の間でも同意する人は少なくない。定員割れの私立大学が5割近いのでは、それもうなずけるところだろう。

一方、私立短大は3分の2が定員割れ。もはや構造不況も極まっている。国公立大は毎年、何校かが定員割れするが数名程度で、明らかに入学者数の読み違いと見られるものばかりだ。不況の現状では、国私間の学費格差が入学者数の差となって如実に表われていると言っていい。初年度納入金で比べてみると、国立大の標準額で81万7

800円だ。全学部同じ。標準額というのは国立大も法人化後、学費の多少の値上げを認められるようになったためだ。私立大は法、経済などの社会科学系で大学通信の計算によると12年の平均123万4666円で、国立大の約1・5倍だ。理工系は159万6678円で、国立大の約2倍。医学部・医学科は823万1995円で、国立大の10倍にもなっている。理系で国私間格差は大きく、これが今の入試で国公立大人気が高い理由にもなっている。

ただ、定員割れではない私立大だから、経営は安泰かというと必ずしもそうとは言えない。定員が埋まれば経営は大丈夫というのは原則だから、何だか不思議に思うかもしれないが、これは定員の充足方法に問題がある。

大学によっては、定員そのものを削減するところも出てきているようだ。入学定員が300人、入学者が250人だったら、定員を250人に減らせば定員を充足していることになる。しかし、これには問題がある。教員数は定員300人に対して決められているわけだから、250人に減らせば不要な教員が出てくる。当然、教員のリストラが行なわれていいはずだが、これは大学の教授会の反対でなかなか実行できない。人件費がかさんだままの定員減だから、実質上は経営が好転するわけではない。あくまでもうわべだけの定員充足なのだ。これでは定員充足といっても、意味がないことがおわかりいただけよう。

学生募集が厳しい中での、あの手この手

最近では地方にある大学の学生募集が、都会の大学より厳しい。地方のほうが少子化が進んでいるからだ。さらに、地方でもオーソドックスな学部ほど学生募集が厳しい。オーソドックスな学部とは、昔からある法、経済、文など。多くの大学に設置されている学部ほど、下位の大学は定員確保が難しい。基本的に大学入試では難易度の高い大学から、順に定員は埋まっていく。昔からある学部ほど、大学の序列がはっきりしており、難易度が低いところほど定員確保が厳しくなる。

では、そのような学部を設置している下位の大学すべてが、定員を割っているかというとそうでもない。就職支援が充実しているとか、地元の企業に長年培《つちか》ってきたパイプがあって就職に強いとか、就職率が高いとか、面倒見の良い教育を展開してい

るとか理由はさまざまだが、定員を充足している大学もある。これはもっぱら各大学の自助努力によるものだ。もちろん、学生が集まっている大学は少数派だ。

では、学生募集が厳しい、伝統的な学部のある大学では、どのように学生を集めているのだろうか。いくつかの大学が行なっている方法は、高校時代にスポーツで活躍した学生を入学させることだ。

大学スポーツは学生募集に有効に働く場合が多い。たとえば箱根駅伝を考えてみてほしい。毎年、私立大への出願が始まる直前の1月2、3日に行なわれ、最初から最後までテレビ中継されている。その間、茶の間は釘《くぎ》付けと言っていいぐらいの高い視聴率を記録する。ここで大学名を連呼されることは、多くの視聴者の印象に残る。当然、高校生にも伝わる。さらに、それだけではない。過去には大変なドラマが起き、志願者が激増した大学もある。

ずいぶん前の話だが、ある駅伝強豪校の学生が、走っている途中で足を痛めて歩くようになったことがある。ご存知のように車で伴走している監督が、選手の身体に触れると棄権になる。監督は選手を納得させて棄権させようとずっと話しかけ、車を降りて一緒に横を走るのだが、選手が苦悶《くもん》の表情を浮かべながら手を振って棄権を拒否。しかも、この選手は箱根駅伝を走りたいために、社会人を経験してから大学に入学して挑んでいたのだ。この選手と監督の姿が、ずっとテレビで放送された。最後は監督が選手を抱きかかえて棄権させ、選手は泣き崩れるドラマが映し出された。この影響もあって、その年のこの大学の志願者は前年のおよそ4倍になった。

もちろん、箱根駅伝だけが志願者増加の理由ではないが、大きな影響があったことは否《いな》めない。大学スポーツは、歴史もありファンも多い。また、スポーツの持つさわやかなイメージは、大学の知名度アップにつながる。各大学はスポーツに力を入れるようになってきている。筋書きのないドラマが、時として高校生を感動させることもある。それは駅伝だけにとどまらない。

以前は強豪校でもなんでもなかった大学が、大きなスポーツ大会に出場してくるようになってきている。それだけ大学が大学スポーツに力を入れている証《あかし》だが、その一方で、大学にとってもスポーツを通して学内がひとつにまとまることは大いに意義のあることだ。大学への帰属意識が高まって愛校心が強まると、学生の満足度が上がる。

野球、サッカー、ラグビー、駅伝など、人気の大学スポーツで活躍した高校生になると、有名大学に進学するケースも見られる。夏の甲子園の高校野球大会の優勝投手、早稲田実業学校の斎藤佑樹《さいとうゆうき》（現・北海道日本ハムファイターズ投手）や日本大学第三高校の吉永健太朗《よしながけんたろう》が、早稲田大に入学したのは記憶に新しい。高校ナンバーワン投手の入学で注目度は高まり、さらに東京６大学野球での活躍も期待され話題には事欠かない。大変な宣伝効果だ。

ただ、スポーツを強化する目標を立て、優秀な選手を入学させようにも、すでに強豪の大学や知名度の高い大学でないと、そういった選手はなかなか入学してくれない。それだけに、何もないところから強豪校になっていくのは、至難の業《わざ》と言えるかもしれない。

そこで、地方でトップを目指すという方法が採《と》られる。所属するリーグ戦で常に優勝争いし、全国大会に出場するチームにしていくということだ。これも一筋縄ではいかないが、まだ手が届きそうだ。そのため、強豪校にスポーツで進学するほどの実力はないが、優秀な学生を集めるのだ。

ただ、それもすんなりとはいかない。知名度がなく、しかも地方にある大学の場合など、声をかけたところでなかなか入学してくれない。コーチ陣が優秀で施設設備が整っていても、入学には至らないのが実情だ。

そこで、特待生にして学費免除で入学させるのである。さすがにこの方法だと、入学してくる学生はけっこういる。数多くの種目の選手をこの方法で入学させていくと、定員の半分以上、極端な場合は、ほとんどが特待生というケースも出てくる。それによって定員が埋まるわけだ。

ただ、これには別の考え方もできる。普通に学生募集をしていたのでは、学生は入学してくれず定員割れは確実。それならば特待生であっても、定員を埋めておくと助成金がもらえる。ただの定員割れでは一銭にもならないが、この方法だと同じ赤字とはいえ助成金は入ってくることになる。さらに、キャンパスライフを送る以上、生活費などは大学やその地域に落ちるわけで、それもプラスだ。

特待生制度をもっと広げればいいではないかと思えるが、学業が優秀な学生を学費免除で募集しても、ほとんど入学してこない。受験生はお金を払ってでも、有名大学に進学したいからだ。結局、それほど多くの大学が実施していないスポーツ特待生制度で、学生を集めることになる。

学生にとっては学費が要《い》らず、この制度で大学進学できた場合も多いと思われ、社会的にも大変意義のある取り組みだ。しかし、その一方で定員が埋まり、学生は集まっているように見えるが、学費を払っている学生は少数ということになる。このように、定員を充足していても、経営は厳しい大学があることがおわかりいただけよう。

定員を充足していなくても経営が安泰の大学もあれば、定員を充足していても経営が厳しい大学もある。データからだけではわからない仕組みになっているのが大学なのだ。

夜間部廃止、カタカナ学部の増加が進む

さまざまな施策を試みてはいるが、経営が厳しい大学は年々増えている。そのため大学は、さらなる改革を実施することを余儀なくされている。早々に改革に着手した

のが、資金力のある大手の大学だ。短大を4年制大学の学部に変えるなど、不採算部門の改革を行なった。

多くの大学で近年、改革されたのが夜間部だ。昼間働いて夜、大学に通う人のための学部。かつて、こういった勤労学生のために、夜間部が有名大学に数多く設置されていた。それが今やほとんどなくなってきている。その理由の第一は、高度成長によって日本人が裕福になり、勤労学生そのものが減ってきたことだ。

それに加えて入試の構造的な変化にも理由がある。「ゴールデン・セブン」時代の入試はたいそう厳しく、大学合格はなかなか難しい状況だった。その時に、昼間部不合格者の受け皿として、夜間部が人気を集めた。受験生にも「有名大学なら夜間部でもいい」という考えがあった。とりあえず夜間部に入学し、3年次に昼間部への編入を考える学生もいた。ただ、これは大変な難関試験だった。

しかし、それが少子化によって大学に入りやすくなり、わざわざ夜間部に進学する必要がなくなった。受験生としては、昼間部に進学したい。現在、国立大でも夜間部は定員を割っているところが多い。このようにニーズが低くなって、志願者が減っていった。さらに、昼間部の受け皿だった時代には、優秀な学生が入学していたが、だんだん入学者のレベルが下がってきたことも改革し始めた大きな理由だ。

その結果、夜間部そのものを廃止する大学が多くなった。その他では夜間だけでなく昼間の授業も履修できるようにし、フレックス制に変えた大学もあった。また、夜間部を昼間部に変える大学もあった。早稲田大は夜間部だった社会科学部を昼間部にし、第二文学部は第一文学部と合わせて改革し、文学部と文化構想学部を新設した。この他でも明治大、中央大、法政大、青山学院大、同志社大などで夜間部は廃止されている。この廃止と前後して、有名大学には多くの学部・学科が新設されている。大手の大学の定員は以前と一緒だとしても、内訳が変わってきている。夜間部がなくなって昼間部の学部が増えれば、志願者も増えるのである。

さらに、社会の高度化、多様化に合わせて設置される学部が増えたが、今までにない名称の学部も作られるようになってきている。1992年の学部の種類は115だったが、2012年には461にもなり約4倍に激増している。以前には考えられなかったような学部が、たくさん新設されている。なかでも増えたのが名称にカタカナが入った学部だ。

大学名にはフェリス女学院大や聖マリアンナ医科大など、カタカナが校名に入るところは以前からあった。しかし、学部となると91年に芝浦工業大がシステム工学部（現・システム理工学部）を新設したのが草分けだ。92年には東北芸術工科大にデザイン工学部が新設されて、カタカナ学部は2つになったが、12年には94にもなっている。

学部名称に使われているカタカナ名を挙げると、アジア、イノベーション、キャリア、グローバル、コミュニケーション、コミュニティ、コンテンツ、コンピュータ、サービス、サイエンス、スポーツ、ソーシャルワーク、ツーリズム、バイオ、ビジネス、プロデュース、フロンティア、ホスピタリティ、マネジメント、マンガ、メディア、メディカル、モチベーション、ライフ、リハビリテーションなどなど。受験生がしっかり意味を理解できないカタカナ名もある。

これらを組み合わせたり、国際コミュニケーション学部などのように、他の言葉と合わせた学部も新設されている。他大学との差別化を図る意味もあって、カタカナだけでなく新しい名称の学部が増えてきた。

ただ、新しい名称の学部設置は、最近では下火になりつつあり、伝統的な学部名称に回帰し始めている。

その理由のひとつは、就活の時に困るということがある。仮にグローバル・ビジネス学部があったとしよう。企業の人事担当者の多くは、「何を学ぶのか」と問い、「経済学部とどう違うのか」と聞き、それに学生がしっかり答えられるのかという問題が生じる。答えられなければ就活は厳しい。

さらに、新しい名称の学部を受験生や保護者、高校の進路指導教諭などのステークホルダーに浸透させるのは並大抵ではないこともある。新名称学部を後に多くの大学が設置すると、広報する大学が増えることによるシナジー効果から、その学部での学ぶ内容やイメージが定着していく。ところが、他に設置している大学がない場合、1大学で新しい学部の広報を続けねばならず、自《おの》ずと限界がくる。

そのため、学部イメージができ上がっているオーソドックスな学部名称のほうが、陳腐かもしれないが、ステークホルダーにはわかりやすくイメージしやすいのだ。受験生は併願校を選ぶ時も、同じ学部で選ぶことが多いこともあり、オーソドックスな名前の学部への回帰現象が起きている。

ただ、ブランド大学は別だ。早稲田大の文化構想学部、明治大の国際日本学部、立教大の異文化コミュニケーション学部などは、他大学には設置されていない唯一の学部だが人気は高い。もともと志願者が多い人気大学での新設なので、受験生の興味、関心が高く、イメージはすぐに定着していく。

学科や専攻になると、さらにカタカナが増える。その一方で平仮名の学部もある。「こども」あるいは「子ども」である。保育士などを育成する学部に付けられている。このように学部・学科の名称は、昔と比べて大きく変わってきた。

また、大学名を変えるところも多い。このケースでは、大学所在地を校名ではっきりさせる変更が目立つ。幾徳工業大→神奈川工科大、松蔭女子学院大→神戸松蔭女子学院大、ノートルダム女子大→京都ノートルダム女子大などだ。神奈川工科大は校名変更した翌年、大きく志願者が増えた。

これだけではない。大学が以前とは変わってきた例として、女子大が共学に変わるところが増えていることだ。少子化をにらみ、女子だけではマーケットが狭いため、男子も募集しようという考えだ。共学化して志願者が大きく増えた大学も少なくない。

東京の武蔵野女子大は文学部だけの単科大学だったが、２００３年に武蔵野大に名称を変更し、２００４年に共学化して薬学部、後に看護学部を新設し、２００６年に短大を廃止、２０１２年に東京都江東区に有明キャンパスを新設した。現在は10学部（２０１４年４月から９学部）の総合大学となり、92年と比べて12年の志願者は４・５倍になり、１万５千人を超えている。

この他にも東京の文京女子大は92年当時は経営学部の単科大学だったが、文京学院大に校名変更して共学化。４学部になり志願者は92年の３・６倍になっている。

同じように文学部の単科大学だった愛知淑徳大は共学化し校名は同じままだが、今は８学部になり志願者は92年の４・７倍で１万２千人を超えている。

このように、共学化して成功した女子大は多いが、同時に多くの学部を新設したこともあって志願者が増えた。かなりの資金が必要な改革で、体力のない女子大には真似ができない。地方でも共学化する女子大はあるが、共学にしただけなため、学生募集が厳しい大学は少なくない。

また、こんな例もある。至学館大はもとは中京女子大だったが、校名変更して共学となった。金メダリストの吉田沙保里《よしださおり》や伊調馨《いちょうかおり》らを輩出した、女子レスリングの強豪校として知られる。この中京女子大時代に男子が6名入学している。女子大に男子がいるのは奇異な感じを受けるが問題はなく、4年制女子大の学部に初めての男子学生受け入れになった。入学した男子学生はかなりモテたということだ。

一方、男子しか募集しない大学はもはやない。かつて男子しか入学できなかった防衛医科大学校や防衛大学校も、今は女子を受け入れている。

第2章　入試が大きく変わった

入試制度が大きく変わった国公立大

大学入試とひと口に言っても、今はどの種類の入試を指《さ》すのかを問われるほどその形は多様化している。入試と聞いてイメージするのは、2月から始まる昔ながらの一般入試だろうが、今はそれだけではなく、従来の制度が大きく変わり、日程も複雑化している。

まずは大きく変化した国公立大の一般入試から見ていこう。国公立大と言うと、今は大学入試センター試験を受けなければならない。センター試験は1979年から始まった共通一次試験の後継試験として、1990年からスタートした。

センター試験も、共通一次と内容は変わらず、マークシート方式で基本的な問題が出題される。大きく変わったのは、2006年から50点満点の英語のリスニングテストが課されるようになったこと。英語は筆記と合わせ250点満点となった。このリスニングテストのためのICプレーヤーの不具合が毎年必ず起き、センター試験の終了後に再受験する不運な受験生がいる。誠に気の毒な話だ。

センター試験は、現役受験生は学校ごとに指定された大学の試験場に受けに行き、浪人生は居住地の近くが試験場に指定される。センター試験は国公立大の１次試験に当たり、２次試験は大学独自の試験になる。この形は共通一次時代と変わらない。

共通一次が始まったのと同時に、国立大はそれまであった１期校、２期校の区分けを廃止し、すべてを同じ試験日程にした。しかし、この制度改革によって、それまで国立大の受験チャンスは２回だったのだが、１回に減ってしまった。以前なら国立大２校受験で第一志望を１期校から、スベリ止めを２期校から探すことができた。それが１回となったからには、スベリ止め校が受けられなくなる。受験生はそれを私立大に求めざるをえなくなった。

さらに、共通一次対策を行なって勉強しても、国立大を１校しか受けられないのでは、「努力のわりに報われない」と考える受験生が増えた。そこで国立大離れが起き、私立大専願の受験生が増えていく。国立大の人気が下がり、代わって私立大の人気が上がり、同時に私立大の難化が始まった。

このようにして、１９７９年の共通一次実施以降、人気低落が始まった国立大だったが、人気回復のために思い切った改革を実施する。１９８７年、国立大が自らＡ日程グループ、B日程グループの2つに分かれ、それぞれを併願可能にしたのだ。これを連続方式と呼び、難関の旧7帝大（旧制の7つあった帝国大のことで、北海道大、東北大、東京大、名古屋大、京都大、大阪大、九州大の7校を指す）が2グループに分かれた。A日程グループに京都大、大阪大、名古屋大、九州大、B日程グループに東京大、北海道大、東北大となったのだ。東京工業大、一橋大の東京の難関国立大は東京大と同じB日程グループとなった。他の大学はどちらの日程に入るか、各大学の募集戦略上から大学の希望で分かれていった。

これによって国立大志願者は激増する。共通一次の志願者が9％増えて39万4千人になった。共通一次実施前に出願を締め切ることになった国公立大の志願者数は、延べで約70万人となり前年の倍となった。人気の大きな理由は、今までは不可能だった併願ができるようになったことだ。

この改革で1期校、2期校に分かれていた時代でもできなかった、東京大と京都大の併願が可能になった。しかも両方に合格した後に、入学先を選ぶことができるのだ。これは入試戦線に大きな影響を与えた。それまで京都大に多数の合格者を送り出していた関西の名門校から、東京大にチャレンジする受験生が増えた。この年の東京大合格者高校別ランキングベスト10には、甲陽学院（兵庫）、洛星（京都）が入っている。それだけではない。「杜《もり》の都で関西弁が聞こえる」などと言われるほど、A日程で京都大、大阪大などを受け、B日程で東北大を併願する関西の受験生も多かった。

その結果、難関国立大のダブル合格者が大量に出た。東京大と京都大の両方に合格する受験生も多く、進学先は東京大を選ぶ受験生が多かった。東京の高校で東京大と京都大にダブル合格して、東京大を蹴《け》って京都大に進学したら、「カッコいい」と言われたものだ。今でも東京大を蹴る受験生はいるが、これは多くの場合、慶應義塾大医学部などに合格する受験生だ。しかし、この人たちは、なぜか「カッコいい」とは言われない。

この改革初年度の1987年は、どこの大学も定員を上回る合格者を発表。東京大は定員の1・16倍、京都大は1・52倍もの合格者を発表した。それでも京都大は史上初めて定員割れを起こした。京都大に合格しながらも蹴る受験生が、どれほど多かったかがわかる。何とも贅沢《ぜいたく》な話ではある。ただ、これによって国立大入試は、東京大を中心に動いていることが明白になった。

また、この1987年の入試では、二段階選抜不合格者が10万人近く出たこともニュースになった。二段階選抜とは大学が想定する倍率を超える志願者数になった場合、共通一次の成績で合否を判定し、受験者数を制限するのだ。たとえば、募集人員の5倍を超える時に二段階選抜を実施すると公表していれば、5倍を超える志願者がいた場合、二段階選抜が行なわれ、大学の二次試験を受けられず門前払いされる志願者が出る。この年、A、B両日程とも二段階選抜で不合格になり、完全に門前払いとなった受験生は3万人を超えた。この二段階選抜の倍率は、大学側の試験への人員配置、用意してある問題用紙の数、採点者の確保など、さまざまな要素から決められているもので、各大学、学部によって異なっている。

しかし、こういった受験制限は私立大ではありえないことだ。かつて、ある首都圏の人気大学で願書が不足する騒動があった。今では考えられないことだが、志願者が大学側の予測をはるかに上回り願書が足りなくなって、コピーの願書に記入して出願することを認めた。これほどの人気になったのは、イケメン俳優が在学していたからだと噂されたものだが、真偽のほどはわからない。今となっては、それほどの人気を集める大学はない。私立大は受験したい人は必ず受けさせている。

また、かつて別の大学では志願者があまりにも多すぎて、あらかじめ予定していた試験場が足りなくなり、急遽《きゅうきょ》、グラウンドにプレハブを建てて試験場にしたということもあった。本来なら志願者が増え受験料収入も増えたはずだが、新しく急ごしらえの試験場を設置したために、結局、収益は例年と変わらなかったという。

国立大に話を戻そう。京都大の屈辱的な定員割れに対抗してA日程の西日本の大学が考え出したのが、定員を分割して2回入試を行なうというものだった。改革初年度の1987年に、すでに京都大法学部は定員確保を考え、A、B両日程に定員を分けて入試を実施した。88年には多くのA日程の旧7帝大は同じように定員を分割して入試を実施した。この年の入試では、東京大でも理科I類、理科II類で定員割れが発生し、初めての追加合格を出した。東京大も無傷ではいられなかったのだ。

東京大は学部別ではなく、文系は文科I〜III類（略して文I〜III）、理系は理科I〜III類（略して理I〜III）で募集する。学部に分かれるのは大学3年進級時で、これを進学振り分け（略して進振り）というが、文Ⅰなら法学部、文Ⅱなら経済学部などと大まかに分かれている。

分離・分割方式に統一された国公立大入試

さらに1989年から西日本の大学では、この定員を分割する方式を進化させ、学部の定員を前期日程と後期日程の2回に分ける分離・分割方式を始めた。当初は連続方式と、この新しい分離・分割方式が混在したため、大変わかりにくかった。

この分離・分割方式と連続方式の決定的な違いは、分離・分割方式では合格後に入学する大学を決める事後選択が不可能になったことだ。連続方式では東京大と京都大の両方に合格してから、どちらに進学するかを決めることができた。ところが、分離・分割方式では、前期に合格したら、そこで入学するかどうかを決めなければならない。

それは入試日程を見ればよくわかる。現在はこの方式が採られているが、その日程は前期試験は2月25日から始まり、合格発表は3月10日まで、入学手続き締切日は3

月15日だ。一方、後期試験は３月12日から始まり、合格発表は３月20日から24日までの間。後期を受験することはできるが、後期の合格発表日前に前期の入学手続き締切日がきてしまう。前期と後期の両方に合格して入学校を決めることはできないのだ。実質的には前期の不合格者だけが、後期を受験し合否判定されることになり、敗者復活戦となったのだ。

画期的だった国立大併願スタイルも３年で終焉を迎え、１９９０年には旧７帝大すべてが分離・分割方式に変わった。その後も連続方式との併用は続いたが、１９９７年に全国立大が、99年に全公立大が分離・分割方式に統一された。そして、これが現在の国公立大入試につながっている。受験生は同じ大学を２回受けてもよく、前期と後期で別の大学を受けてもよい方式になった。

この制度になって前期に第一志望、後期が押さえの受験になるのが一般的になった。ところが、このような制度にもかかわらず、過去には前期で最難関の東京大理Ⅲを蹴った受験生がいた。理Ⅲはほとんどが医学部医学科に進学し、入試段階では文理合わせて最高値の難易度となっている。

なぜ、それがわかったかというと、東京大は文Ⅰ、文Ⅱ、理Ⅲの合格者数を、たいていの場合、定員通りに発表している。合格して入学しない人はゼロということだ。ところが、ある年だけ理Ⅲ後期で合格者を1人多く発表したことがあった。前期に理Ⅲに合格しながら、入学手続きを取らなかった受験生がいたことがわかったのだ。

探っていくと、この受験生は現役生で本来、京都大の理系学部が第一志望だった。ところが、あまりにも優秀なため、教員や親が理Ⅲ受験を勧め見事に合格してしまったのだ。しかし、合格したものの本人は進学する気はないため入学せず、後期で京都大に合格した。何とももったいない話だ。後期不合格だと浪人するリスクが生じるにもかかわらず、前期の理Ⅲに入学手続きを取らなかった。よほど優秀で自信があったということだろう。もっとも前期で理Ⅲに合格していることを見れば、わかることではある。

今では多くの場合、後期は出願者は多くても実受験者は極端に減る。競争率が2倍を切るところも少なくない。諦めずに後期までしっかり受け続けることでチャンスは広がる。また、公立大は連続方式の時にA、Bの日程とは異なるC日程を設けていたが、分離・分割方式を実施するようになっても、前期、後期とは異なる中期日程を設けている。

国立大では当初、定員の分け方を前期９割、後期１割にし、後期は私大型受験生でも受験できるようにするところもあった。後期の入試科目を減らし、当時、人気の高かった難関私立大の受験生も受けられるようにしようと目論《もくろ》んだのである。ところが、これがだんだん崩れていき、後期を廃止する大学が増えるようになってきた。京都大は後期を廃止し、名古屋大は医学部医学科だけで実施し、募集人員はわずか５人、東京大は理Ⅲが後期を廃止し、残りの科類すべて合計して１００人の定員に減らした。

難関の大学や医学部などで、後期縮小の流れになっている。入試を実施するのは大変な手間と経費がかかり、大学としてはできるだけ入試回数を少なくしたいのが本音だ。そんなこともあって、今は分離・分割方式になって２回受験できるが、実質は１校受験と変わらなくなってきていると言えるだろう。

また、この間、国公立大自体も変わった。国立大は１８８６年の帝国大学令発令以来、長らく国の行政組織の一部として位置づけられてきた。それが2003年に成立した国立大学法人法により、国から切り離して欧米のように独立した法人格を持つ、国立大学法人になったのである。教職員は国家公務員から非公務員になり、大学の運営も民間手法を取り入れ、大学の自由裁量の範囲が広がった。各大学には国から交付金が支払われるようになった。

その中で、文部科学省がとりわけ力を入れたのが各大学の再編・統合だ。1992年に95校あった国立大は、2013年には82校に減少している。この間、聴覚障害者、視覚障害者を受け入れる筑波技術短大が筑波技術大にかわって新設されているので、実質14校の減少だ。

この再編・統合では、各県にある医科大と国立大が統合するパターンがもっとも多かった。福井医科大と福井大、島根医科大と島根大、香川医科大と香川大、佐賀医科大と佐賀大などだ。この他でも富山大、富山医科薬科大、高岡短大と3校が統合し、富山大として残ったケースもある。まだ県内の医科大と総合大学が統合していないところも多々ある。そんな県の総合大学が文部科学省に新学科設置などの相談に行くと、「その前にやるべきことがあるでしょう」と嫌味を言われるという。

それ以外にも東京商船大と東京水産大が統合して東京海洋大に変わった。大阪外国語大と大阪大が統合して大阪大に外国語学部が、神戸商船大と神戸大が統合して神戸大に海事科学部が、九州芸術工科大と九州大が統合して九州大に芸術工学部が新設されている。日本に２校あった商船大は両方ともなくなってしまった。

統合を模索しながら実現していない例も多い。今のところ統合を果たしたのは同じ県や都の大学同士だ。他県の大学同士の統合はまだない。群馬大と埼玉大が統合の協議を行なったが、両大学に設置されている教育学部を巡って調整がつかず、統合できなかったと言われている。

公立大でも法人化が進められ、統合も進んだ。東京都立大、東京都立科学技術大、東京都立保健科学大、東京都立短大の４校が統合して、首都大東京となり、神戸商科大、姫路工業大、兵庫県立看護大の３校が統合して兵庫県立大になったなどだ。

今後は大阪で松井《まつい》一郎《いちろう》知事、橋下徹《はしもととおる》市長を中心に、大阪府立大と大阪市立大の統合が進められるという。実現すれば、設置者が府と市で異なる大学が統合する初めてのケースになる。この他にも公立大の統合はあるが新設も多く、1992年の39大学から2013年は82大学に増えている。

私立大同士の合併は、生き残りの切り札か

国公立大では文部科学省主導で大学同士の統合が進んだが、同じことは私立大でも行なわれている。私立大の合併は大きく分けると2種類ある。ひとつは慶應義塾大と共立薬科大（2008年）、関西学院大と聖和大（2009年）、上智大と聖母大（2011年）のような、まったく異なる学校法人同士のものだ。この3例を見ればわかるが、大手総合大学が、まだ設置されていない学部・学科を持った単科大学と合併している。薬学部、教育学部、看護学部などが狙われている。新設となると新しく教員を集めて校舎を建て、文部科学省への認可申請が必要だ。新設にはお金も時間もかかり、それより合併のほうが早くて割安に新設できるメリットがある。また、合併される側にしても、先細る18歳人口を考えると、生き残りのために大手大学と合併するのは願ったりかなったりだ。教員にとってもスムーズに移行できれば、大手大学教授の

ほうが箔《はく》がつくというものだ。

ただ、このような合併は稀《まれ》なケースだろう。大半の学生募集が厳しい大学は、大手大学にすでにある文、経済、法などの学部を設置しており、合併したくてもできないのである。逆に大手大学が狙うのは、薬、教育、看護だけでなく、体育、芸術、医、歯、獣医など、特別な単科大学となる可能性は高い。

最近では合併の噂も多い。特によく聞こえてくるのが、医科大をめぐる話だ。2001年に早稲田大は東京女子医科大と学術交流を開始している。その他でも医科大と大手私立大が連携を結ぶ話が聞こえてくる。ただ、合併話になると水面下で進められるのが普通で、表に出てくる頃には、ほぼ固まっていることが多い。

ただ、私立大同士の合併の場合、国立大のようにすぐに合併できるわけではない。学校法人としてお互いに長い歴史があり、それを踏まえた合併となるからだ。安西祐《あんざいゆう》一郎《いちろう》前慶應義塾大塾長は大学の合併を「お見合い結婚」に譬《たと》えたが、双方の長い歴史を考えると、それも無理からぬところだ。

慶應義塾大と共立薬科大は距離的に近い大学同士だ。残りの2組もご近所同士で、しかもキリスト教が建学の精神であるという点で大学同士で校風が似ていた。そういった共通点がないと、なかなか合併までには至らないもののようだ。

私立大同士の合併のもうひとつのパターンは、同じ学校法人内の大学と短大、大学同士が合併するものだ。２００８年に東海大、北海道東海大、九州東海大が合併して東海大となった。２００９年には武蔵工業大と東横学園女子短大が合併し東京都市大に変わった。２０１３年には常葉学園大、浜松大、富士常葉大の３大学が合併し常葉大となった。

こういったことに踏み切る理由としては、合併によって教養教育などでの教員を減らすことができ、スリム化を図って経費削減を行ない、同時に人気の下がってきた大学・短大を救う狙いが考えられる。単体では赤字でも、連結することで黒字化するということだ。しかし、不採算部門を抱えることで、母体となる大学の経営が厳しくなることだってある。やみくもに合併というわけにはいかない。特に同じような学部がある場合には、学部の早急な改組が必要になってくる。さらに、合併先の学部と校名がそぐわないケースも出てくる。

武蔵工業大と東横学園女子短大との合併により、保育士を育成する人間科学部や文系の都市生活学部が新設された。工業大に文系学部はなじまず、校名変更を余儀なくされ、新たに東京都市大としてスタートを切った。こういった同法人内の合併もスムーズにはいかない。統合を計画しておきながら流れたケースもある。教員の反対が強固で、理事会が考えているようにはトントン拍子にいかない場合もある。

今でも、同法人内に複数の大学があるケースはけっこうある。東京理科大、諏訪東京理科大、山口東京理科大の3校、獨協大、獨協医科大、姫路獨協大の3校、専修大と石巻専修大、明星大といわき明星大などだ。また、学校法人名が違っていても、元は同じ学校法人からスタートしているケースも多い。また、名前が似ているから同じ法人かというとそうでもない場合もある。成蹊大、大阪成蹊大、びわこ成蹊スポーツ大は、それぞれ異なる学校法人だ。

早慶上理、MARCH、関関同立とは？

さて、国公立大の入試制度が大きく変わって、影響を受けたのが私立大だ。共通一次実施以降、私立大の志願者、難易度は大きくアップした。

よく混同して使われるのが、偏差値と難易度だ。しかし、これは似て非なるもので、大まかに言うと次のような違いがある。

偏差値は自分の成績を表わす指標だ。つまり、素点ではわからないものが、偏差値で示すとよくわかる。基本的には平均点の成績だと、素点は70点だろうが、40点だろうが偏差値は50になるものだ。

難易度はその偏差値を基に、各模試受験者の大学の合格、不合格の実績を調査し、そのデータを基に模試を実施している予備校などが決めていく。たとえば偏差値が55の模試受験者100人が、A大学B学部を受験し、50人ずつ合格と不合格に分かれたとする。そうすると、単純に言ってしまうと、このA大学B学部の難易度は、合格率50％で55というように決められるのだ。これが各大学・学部の難易度で、あくまでも合格に必要な学力の目安にすぎない。優秀な生徒がたくさん受験すれば、難易度は上がるのだ。ただ、最近ではこの難易度を上げる操作も行なわれている。難易度は一般入試に対して付くものだから、一般入試の枠《わく》を狭《せば》めてしまえば難易度は上がる。たとえば合格者数を少なく発表すれば、合格者は成績上位者だけになり、高い難易度になるという理屈だ。

さて、共通一次が始まった1979年以降、私立大の難化が進んだため、同じような難易度帯の大学をグループ分けして呼ぶことが多くなった。国立大の旧7帝大をひとまとめにして言うのと同じだ。進学校で自校の大学合格実績を在校生や保護者、塾などに説明する時に使われる。進路指導でも使われ、このグループからスベリ止めを1校などという説明だ。そのほうがイメージしやすい。

私立大トップクラスは「早慶」と言われてきたが、やがて「早慶上智」（早稲田大、慶應義塾大、上智大）になり、今はそれに東京理科大を加えて「早慶上理」（ソウケイジョウリ）とも言われる。この他では「MARCH」（マーチ＝明治大、青山学院大、立教大、中央大、法政大）、これに学習院大を加えて「GMARCH」（ジーマーチ）とか、「日東駒専」（ニットウコマセン＝日本大、東洋大、駒澤大、専修大）、「大東亜帝国」（ダイトウアテイコク＝大東文化大、東海大、亜細亜大、帝京大、国士舘大）、「成成獨国武」（セイセイドッコクブ＝成蹊大、成城大、獨協大、國學院大、武蔵大）などがある。

関西でもトップは「関関同立」（カンカンドウリツ＝関西大、関西学院大、同志社大、立命館大）と呼ばれる。次いで「産近甲龍」（サンキンコウリュウ＝京都産業大、近畿大、甲南大、龍谷大）だ。最近では京都からは兵庫にある甲南大にはあまり行かないので、甲南大を佛教大に変え「産近佛龍」（サンキンブツリュウ）という言い方もあるようだ。この他にも「神桃追摂」（シントウツイセツ＝神戸学院大、桃山学院大、追手門学院大、摂南大）などがある。昔からよく言われているものもあるが、最近、新しく言われ出したものもある。余談になるが、「早慶上理」は筆者が公《おおやけ》に言い出した。

多様化により受験機会が激増した私立大

私立大が難化する一方で、1990年から始まったセンター試験は私立大も活用できることを認めたのが目玉だった。共通一次は産業医科大しか利用していなかったが、センター試験はすべての私立大の利用に門戸を広げた。しかし、1990年当時、多くの私立大は「国が実施するセンター試験の偏差値輪切りに巻き込まれるのは御免」との考えが強く、センター試験の良さに気づかず、参加を見送る大学が多かった。たしかにセンター試験を受けた受験生の成績はすべて大学入試センターの手に入り、そこから私立大合格者のレベルがわかってしまう。それを嫌ったということだろう。

結局、初年度に参加した私立大は16大学19学部にとどまった。参加した主な大学・学部は、慶應義塾大・法と医学部、東京理科大基礎工学部、武蔵工業大（現・東京都市大）工学部など。２０１３年には５２０校が参加しているから、まさに隔世の感がある。

これだけ参加大学が増えた背景には、センター試験利用入試の人気が高いことがある。私立大のセンター利用入試は、センター試験の成績だけで合否を判定するのが一般的だ。そうなると、大学に交通費をかけて受けに行かなくてよく、出願すれば合否通知が送られてくる。受験料も私立大では一般的には3万5千円だが、センター利用入試はそれより安くなっている。センター試験の受験料は3教科以上だと1万8千円で、それを私立大の一般的な受験料3万5千円から引いた1万7千円で受験できる大学が多い。さらに、難関私立大を受ける時には過去問題集を解いたり、私立大入試対策が必要になる。しかし、センター利用入試を使えば、国公立大第一志望の受験生にとって、それをしなくてもセンター対策を行なえばすむことになり一石二鳥だ。

私立大にとっても、国公立大型の受験生を入学させることができる。特にセンター利用入試の入試科目を4教科、5教科にすれば、確実に国公立大志望者の併願が期待できる。高校時代、多くの科目を学んできた受験生のほうが、入学後、伸びる結果が出ていると話す私立大も多く、国公立大型の受験生を確保したいと考えて実施している側面もある。

いいことずくめのようだが、私立大にとっても負担はある。それはセンター試験の試験会場になることだ。センター試験は主に国公立大や私立大など、センターを利用している大学で実施される。入試実施の負担は大きく、本音ではできるだけ実施したくない。

小規模な大学の関係者は「センター試験の会場として、かなりの受験生を受け入れています。日本中で50万人以上が受けますから、自分のところで何か起きると試験全体に影響してしまうかもしれず、気の使い方は並みたいていではありません。ところが、自分の大学のセンター利用入試の志願者は、受け入れたセンター試験受験者よりはるかに少なく、他大学のために大変な思いをしていると感じることもあります」と言う。

さらに、センター試験利用入試では国公立大併願者が多いこともあって、最終的な入学者が少ない。お手軽に出願できる分、歩留まりが悪いのだ。だから、募集人員分を入学させようとすると、合格者をたくさん出すことになり競争率が下がる。2012年の早稲田大の政治経済学部の一般入試は5・7倍の競争率だったが、センター試験利用入試では2・8倍。法学部でも一般が5・0倍で、センター利用入試は2・1倍だった。もちろん、センター試験で高得点を取らないことには合格できないのだが、競争率だけを見ると低くて入りやすそうに感じる。

センター試験利用入試で、有名大に大量の合格者騒動

私立大の中には、国公立大と同じように、センター試験の成績と大学独自の試験の成績を合わせて合否判定する、センター試験併用方式を実施している大学もある。た

とえば、英語はセンター試験の成績を利用し、国語と選択科目は大学で受験させ、その成績を合算して合否を判定する方式だ。これも人気がある。

ただ、私立大のセンター利用入試の難点は出願締め切りが、首都圏を中心にセンター試験の前という大学が多いことだ。この場合は、自分のセンター試験の成績を見てから出願できない。センター試験を失敗すると、早々と不合格がわかってしまう。自己採点をしているため、かなり正確に自分の得点はわかるのだ。これは大学の「試験の成績を見てから出願できるのは公平ではない」との考えから来ている。たしかに一般入試では、入試前に出願は締め切られる。

このように実施校が増えてきたセンター利用入試だが、参加していない有名私立大もある。首都圏では上智大と学習院大。さらに、初年度からセンター試験に参加してきた慶應義塾大が2012年から撤退した。慶應の関係者によると「センター試験の成績優秀者は難関国立大に進学してしまって入学せず、入学してくる学生はセンター試験の成績がたまたま良かっただけで、入学後の成績が伸びていないのが理由」と話している。

この方式は手軽なだけに、過去には悪用された騒動もあった。これは２００７年に関西で発覚したのだが、私立校が自校の大学合格実績が上がったように見せるため、センター利用入試を活用した水増し合格を行なっていたのだ。

どういうやり方かというと、特待生として入学している優秀な生徒のセンター試験の成績を借り、高校が受験料を負担して難関私立大のセンター利用入試に出願する。大学に受けに行く必要はないから特待生の負担はなく、合否通知が届くだけだ。特待生はセンター試験で高得点を取っているので、すべて合格。センター利用入試でも多くの学部、方式があるため、その生徒１人で関関同立に70以上も合格した。他に合格している生徒もいるので、実績はさらに高くなった。

70以上も出願すれば、受験料は安いとはいえ１００万円を超えるが、私立高としては広報費と考えれば安いものだろう。当時、「この事態に大学は気づかなかったのか」と大学の入試担当者に聞いたところ、「なかにはどうしても入りたいから、１００ぐらい併願する受験生もいますので、水増しかどうかは判断がつきません」と話していた。これは関西だけではなく、いろいろな地域で行なわれていた。ある地方の私立高では、首都圏の難関大に50人以上合格していたが、この水増し合格が発覚した翌年はゼロになった。

このような水増し合格は、今はほとんど行なわれていない。「あの学校の生徒がそんなに受かるのは変だ」など、噂が流れるようになり、下手《へた》な工作は生徒募集の厳しい私立高の致命傷にもなりかねないからだ。

センター利用入試だけでなく、今は入試回数が格段に増えている。1学部が実施している一般入試の回数は、大学通信の計算によると2012年入試で平均5・3回にもなった。文系学部が5・5回、理系学部が4・7回だ。どうしても、ある大学・学部に進学したいのなら、5〜6回受験チャンスがあるということだ。昔は1学部1回の入試が基本だった。これに落ちれば、浪人するしかなかった。しかし、今はセンター試験に参加していない慶應義塾大、上智大、学習院大ぐらいが、1学部1回の入試だ。

増え続ける入試方式で、各大学の合格者が増えている

それ以外の大学では、学部個別の入試、センター利用入試以外にもたくさんの方式を設けている。最近、増えているのが全学統一試験。これは学部の多い総合大学で実施されている。学部個別入試とは別に、全学部が1日で入試を実施するというものだ。なかには全学統一試験で、第2志望の出願を認めている大学もある。1回受けるだけで2学部から合否判定してもらえるわけだ。

これ以外にも学部によってA方式、B方式など、入試科目を変えて複数の入試を実施するケースも多い。3科目入試だけでなく2科目入試とか、学科試験の1科目を小論文にするとかである。最近は学生の学力低下が指摘されるようになり、少数科目入試は減少の方向にある。これ以外にも3月に入試を行なう後期試験、センター利用入試でも中期、後期などを設けている大学も多く、受験機会はかなりの数に上る。

これだけ受験チャンスがあれば、浪人しなくても受験し続ければどこかに合格できそうだ。さらに、この影響で難関大で発表する合格者数が増えている。早慶上理では2012年の合格者は5万人を超え、1992年に比べて21・7%も合格者が増えて

いる。MARCHの合格者は12年には7万7千人を超え、92年に比べて57％も合格者が増えている。日東駒専は30・8％増、関関同立は49・2％の増加だ。一方、この間、受験生は28・2％減っているのだから、受験者が減って合格者が増えているのだから、入りやすくなるのは当たり前だ。

不況と言っても、併願校数自体はそれほど減ってはいない。それより1大学を集中して受けるのではなく、いくつかに分散して受験し、浪人するリスクを回避しているのだ。1大学を受け続けると、同じ大学の入試問題を解き続けることで問題傾向に慣れてきて、どこかに引っかかるかもしれないが、全滅する危険性もある。多くの大学を受けることで問題傾向も異なり、なかには自分に合った問題に出くわし、合格を勝ちとれるとの考えがあるようだ。受験がローリスク・ローリターンに変わってきているということが言えるだろう。不況で家計に浪人させる余裕がなくなり、さらに受験生も浪人することを敬遠して、現役進学が第一になってきている。

さて、この他にも受験生の便宜を図る入試方式は多い。たとえば地方試験だ。これは首都圏の大学が札幌、仙台、名古屋、大阪、福岡など、キャンパスとは異なる都市で場所を借りて入試を行なうものだ。地方の大学が東京で入試を行なう場合もある。これを地方試験と呼んでいる。受験生にとっては、入試にかかる経費を抑えることができる方式だ。国公立大でも実施している。

かつては受験生のためを思い、全都道府県で入試を行なった私立大もあった。しかし、受験者が極端に少なかった県もあって1年限りで終わり、翌年は実施する都道府県を大幅に減らした。費用対効果を考えると合わなかったということかもしれない。

さらに、一度入試を受けると配点を変え、何度も合否判定する方式もある。たとえば3教科すべて100点で計300点満点、英語が200点で、他の科目は100点で計400点満点、試験で成績の良かった得意科目を200点、他の科目は100点で計400点満点、成績の悪かった苦手科目を100点で、他の科目を200点で計500点満点など、あらゆる角度から合否判定する方式もある。さまざまな角度から受験生を評価し、何とか合格させようとしている。

これは基本的に入試への考え方が変わってきたことによるものだ。入試の厳しかった1992年頃は志願者が多すぎ、受験生をいかにふるいにかけるかの試験だった。

しかし、少子化が進んで受験生が減り、今はいかにいいところを見出して、合格させるかになってきている。

この他にも、第二志望を認める制度を採用している大学が増えている。以前は文学部など多くの学科があって第一、第二、第三志望などを認めている大学があった。第一志望に落ちても第二、第三志望で判定され合格するという方式だ。それが学部を超えて認めるようになってきている。たとえば2学部9学科から5学科を志望することができるとか、3学部10学科で3日間試験があると、すべて併願可能で第30志望まで認めるとかだ。受験料は同じ場合もあれば、上限を決めている場合もあり、負担はそれほど大きくはならない。受験生にとっては大変お得と言えよう。

ただ、これを志願者数に加算している大学もあり、見かけの延べ志願者数が異常に増える大学もある。極端な例を挙げると、前述の例で全志願者が第30志望まで書いたとすると、1000人の実志願者が30倍になり、延べ志願者数は3万人になるということだ。これによって、見た目は志願者が激増していることになる。志願者が多いということは人気があるということだ。ただ、あまりにも実態とかけ離れているため、最近は実志願者数の公表が求められるようになってきている。

このように新方式の実施で、延べ志願者数は増えこそすれ減ることはない。ただ、大手のトップ大学では、やはり入試回数はそれほど多くはない。

バンカライメージの大学で、女子が増加

一般入試の延べ志願者はここのところ、4年連続で明治大が日本一になっている。かつては日本大と早稲田大の争いだったが、今は明治大と早稲田大だけが、志願者10万人を超えて争っている。明治大が志願者を増やしてきた理由は、学部を増やし入試改革を行なってきたことが大きいが、その他にも女子受験生の獲得に成功したことが挙げられる。

最近の大学のトレンドは女子志願者の獲得にある。これは多くの大学で試みられている。リケジョの増加だけではなく、バンカライメージだった大学に女子志願者が増えているのだ。

明治大は駿河台キャンパスの校舎を高層ビルに建て替えた。パウダールームを設

け、女子の過ごしやすい環境を意識し、志願者が増えたのだ。最近の学生はビル型キャンパスを好み、古い歴史を感じさせる校舎を敬遠する傾向にある。清潔好きでトイレが汚いのを嫌うため、古い校舎は嫌いなのだ。大手私立大の古い校舎を見た瞬間、「こんな大学は行きたくない」と決めた女子受験生もいたという。東京大の本郷キャンパスを見た女子受験生が「校舎が古くて何か出そうで怖い」と言って、京都大に志望変更した例もある。

このような学生のニーズもあって、新校舎需要が高まっている。明治大だけでなく、法政大も高層ビルを建て、早稲田大も校舎の建て替えを進めている。慶應義塾大も高層の校舎を建て、日本女子大も新校舎を建設した。学習院大では有名だったピラミッド校舎が撤去されている。いずれの大学でもキャンパス風景が以前とは大きく異なっている。

この新校舎建設ラッシュの背景には、学生運動の駆逐《くちく》もあるようだ。今は独特の文字で書かれたタテ看板はキャンパスではまったく見られなくなった。かつてはサークル棟、学生会館、寮などが学生運動の拠点となっていたが、これを建て替えることで大学の管理下に置き、占拠されることもなくなったのだ。

校舎の新設だけでなく、キャンパスの都心回帰も進んでいる。一時は法の規制もあり都心に高層の校舎を新設できず、郊外に新キャンパスを展開し、施設の充実を図った大学も多かった。それが法規制がなくなり、都心の大学が校舎を建て替えたのだ。それに合わせ、郊外のキャンパスを都心に移転する大学が増えている。

青山学院大の文系学部の学生は、１～２年次は神奈川の相模原キャンパスで学んでいたが、２０１３年から都心の青山キャンパスで4年間学ぶことになった。青山学院大の志願者は増え、利便性が上がったこともあって、東京からの合格者が増えた。同志社大も文系学部で京田辺《きょうたなべ》キャンパスから今出川《いまでがわ》キャンパスに集約して4年一貫教育を始めている。

過去には共立女子大、東洋大の文系学部がキャンパスの都心集中を実施し、志願者が大きく増えた。都心回帰は志願者増に結びつく。もちろん、学生が増えるわけだから、新校舎建設は必須事項となる。さらに、既設のキャンパスがなくても、新しく土地を購入し、都心回帰を進めている大学も出てきている。大変な資金が必要だが、体力のある大学はますます勝ち組になっていくことになる。

こういった都心回帰、新校舎建設もあって、女子が増えている大学が多い。けれども、もともと女子の多かったミッション系の大学ではそれほど増えてはいない。やはりバンカライメージだった大学での伸びが大きい。明治大の志願者に占める女子の割合は、1992年の16・5%から2012年は32・2%にアップしている。およそ6人に1人から3人に1人まで女子が増えている。早稲田大も19・9%から33%に、法政大も17・1%から31・3%までアップしている。これが志願者増の一因にもなっている。

このように上位大学が女子を取り込んで志願者が増えれば、当然ながら上位大学の志願者寡占が進む。2012年入試で一般入試の志願者数を上位から並べ、その累計を取ってみると、トップの明治大、2位の早稲田大、その後の立命館大、法政大、中央大、日本大、関西大、近畿大、立教大、東洋大の上位10校で私立大全志願者の3割を超える。さらに24校で5割、35校で6割、54校で7割を超えている。私立大は600校近くあるため、全体の9%の大学で7割の志願者を集めていることになる。別の言い方をすれば、残りの9割を超える大学で、全体の3割の志願者を分けているのだ。これでは志願者集めは厳しいのは一目瞭然だ。

大学二極化の分岐点は難易度55？

それは別の言い方をすれば、大学の二極化が進んでいることになる。二極化とは入試が成り立つ大学と、入試が成り立たずに全員合格になっていく大学とに分かれていくというものだ。全入時代に突入し、この二極化を決めるのはマーケットだ。上位大学の志願者寡占で見ると、二極化の分岐点は真ん中ではなく、かなり上のラインになっていることがわかろう。

大学通信は昨年、全国の進学校の進路指導教諭へアンケートを実施し、「二極化の分岐点はどこか」を聞いた。644人から回答があり、もっとも多かったのが「難易度55前後」で34%だった。全学部が55を超えている私立大は早稲田、慶應、明治、立教、同志社、立命館など、それほど多くはない。難易度55に次いで多かったのが「53前後」で21・3%だ。それから「50前後」で18・6%、「57前後」で10・2%と続き、これを合計すると84％にもなる。高校の進路指導教諭は難易度50以上で入試が残ると見ているのだ。これもけっして真ん中ではなく、大学の中にはある学部だけ50を割っている場合もあり、二極化の分岐点は高めだ。

また、この二極化を分ける別のポイントもある。それは実質競争率が2倍を切るかどうかだ。2倍を切るとなかなか回復しない。その理由は合格者数と不合格者数の関係にある。

仮に受験者が1000人で、合格者が700人の大学・学部があったとしよう。この時、合格者は700人で、不合格者は300人。この大学・学部に落ちた時、受験生は友人から何と言われるか。「あんなところ落ちたの」になる。合格者数が不合格者数を上回っているから、入りやすいのである。そのように言われてしまう大学・学部を受験生は受けなくなるし、受けたとしても友人に黙っているしかない。そういうところは受けたくないし、代わりはいくらでもある。そこで志願者は増えなくなるのである。

逆に受験者が1000人で合格者が300人だと、不合格者は700人。ここに落ちた時は友人は「難しいからしかたないよね」と慰《なぐさ》めてくれる。

その分岐点は合格者数と不合格者数が同じ、競争率2倍になるのである。こういうことを意識してか、最近では一般入試の結果を公表しない大学も増えている。

このように一般入試は大きく変わってきているが、親のかかわり方も昔とは様変わりしている。昔なら子どもが「ここここを受けるから」で終わりだったのが、最近は受験校に口を出すようになってきている。首都圏の進学校の教諭が「本人が東大受験を希望していても模試の合否判定がA判定やB判定ではなかったため、最後の最後に母親が『東北大を受けさせます』と言ってきたことがあります。東北大に合格して進学しましたが、下宿して東北大に通うなら、もし東大に不合格になって浪人して合格すれば、経済的には安上がりになると思うのですが」と話す。母親にしてみれば、ママ友とのランチを心の底から楽しめない、受験生の母親という立場を2年連続でやりたくなかったのかもしれない。

さらに、入試が始まっても親が関与する例もある。こんなことがあったという。そばにストーブがある古い教室で試験を受けていた男子受験生が、暑いのでストーブの温度を下げてほしいと思った。ところが、これを試験官に直接言えない。受験生は試験の空き時間に携帯で母親に電話し、母親から大学に電話があり、その連絡が入試本部に伝えられ、そこからその教室の試験官に連絡され、試験官がストーブの温度を下げたという。直接、話せばすぐに終わることが、大変な回り道をして伝わったわけだ。母親も本人に「試験官にすぐに言いなさい」と言えばすむのに、それを言わないのだろう。大学生になると、この生徒ははたして変わるのだろうか。

早く合格を決めたい受験生は、推薦入試を活用

入試は大きく変わっているが、これだけではない。今では一般入試以外の方式も増えている。〔表2〕（91ページ）を見てほしい。入試の種類による入学者の割合を表にしたものだ。この3方式を合計しても100％にならないのは、この他に帰国子女や社会人対象の入試があるからだ。

私立大では一般入試に合格して入学している人の割合が5割を切り、推薦入試とAO入試の入学者合計が5割を超えている。

表2　2012年 入試種別入学者の割合（%）

	一般入試	前年比	推薦入試	前年比	ＡＯ入試	前年比
国立大	84.1	（−0.1）	12.4	（−0.1）	2.9	（+0.2）
公立大	73.3	（−0.4）	24.0	（+0.3）	1.9	（+0.1）
私立大	49.1	（+0.7）	40.3	（−0.4）	10.2	（−0.2）
計	56.2	（+0.5）	34.8	（−0.3）	8.5	（−0.2）

推薦入試は昔からあったが、今は多様化している。入試が厳しい時代には「推薦入試で入学すると、自分は卑怯《ひきょう》な方法で入ったと考える受験生がいるので枠を広げたくない」と話す難関大の学長もいた。しかし、これだけの割合になると、当たり前の方式として受験生に認知されるようになってきている。推薦入試の実施は11月以降と文部科学省が決めている。青田買いと言われるのも、年内に合否がわかり、入学を決めることができるからだ。

大学には入りやすくなっているなら、一般入試を受ければいいではないかと思うかもしれない。しかし、早く合格を決めて安心したい受験生は多いのだ。今は推薦やＡＯ入試で年内に合格を決めたい受験生と、一般入試の３月試験まで頑張る受験生に二極化している。

推薦入試を大きく分けると指定校推薦と公募制推薦があ

る。指定校推薦は難関大がよく実施している方式だ。推薦入学を認める学校を大学が指定しており、どこの学校からでも出願できるわけではない。面接や小論文などそれほど入試の負担は重くないが、高い評定平均値が求められる。

評定平均値とは高校の各科目の成績のことで、毎学期の成績を5点満点に換算し、それをたとえば高校3年生の1学期までの成績を全科目平均したもの。これが4・3以上とかに設定されている。この成績を超え、しかも学校長の推薦を受けていれば受験資格がある。有名大学の場合、学部の定員は各校1人か2人で全員が合格するため、推薦=合格=入学の方式だ。そのため、難関の人気大だと、どの生徒がこの推薦を受けるかの競争になり、高校内での椅子取りになる。

ただ、このような方式でも不合格になる受験生はいる。たとえば面接で大学が志望理由を聞くと、「親が勧めるから」「教員に勧められたから」などと話す受験生がおり、この場合はさすがに合格しないようだ。大学としては第一志望で、入学後も勉強する受験生を求めているのだ。また、指定校推薦で入学すると、学生の大学での成績が問題になり、指定校推薦で入学したものの、勉強しないと翌年から指定校が取り消されることもある。さぼっていると後輩に迷惑をかけるわけだ。

指定校推薦依頼校の決め方は、大学によりさまざまだ。多くの場合は合格者が多く、確実に毎年、入学者を送り出してくる学校を指定校にしている。進路指導教諭の中には、難関大に「指定校枠がほしい」と依頼するケースもある。

また、学生募集が厳しい大学が「全国の高校が指定校」と宣言したことがあった。推薦入試で応募すれば全員合格にするということだが、あまり応募者は増えなかった。

指定校推薦は私立大が実施している場合が多いが、公立大も設置者が県や市なので、県内や市内の学校に限るような指定校推薦がある。

最近ではこの指定校推薦で生徒を合格させようと、生徒思いの教員が生徒の評定平均値をかさ上げする学校もあるようだ。高校の成績は相対評価ではなく絶対評価だから、学業成績だけで評価しているわけではない。一般入試受験組の評定平均値を下げ、推薦組を上げるなどというケースもある。さらに評定平均値が高ければ、学力以上の大学に推薦入試で合格できるようになる。全生徒の評定平均値を平均すると、軽く4・0を超える学校もあるという。オール5の生徒も少なくない。ある高校の教員が、大学の教員から「あなたの学校のオール5の生徒は大したことないね」と言われ、苦笑するしかなかったという話があるほどだ。

これも生徒のためを思ってのことだが、厳格に評価している高校の生徒は損をしているとも言える。

一方、公募制推薦では応募できる学校に制限はなく、大学が指定する成績を取っていれば、学校長の推薦を受けると誰でも出願できる。方式もいろいろあり、高校時代の学業成績だけでなく、部活動を評価する方式も多い。運動系のクラブだけでなく、文化部でも認められ、英検や漢検などの各種の検定試験、ボランティアなどの社会活動など対象は幅広い。数学オリンピックなどの成績を基準にしている難関大もある。また、大学などが主催するスピーチコンテストなどでの優勝も対象になってくる。

学校長ではなく、自分で自分を推薦する自己推薦入試もある。以前、早稲田大教育学部に女優の広末涼子《ひろすえりょうこ》が入学して大騒ぎになった。今は有名大に芸能人が入学するのは、ごく普通のことになってきたが当時は珍しかった。特に早稲田大の女子から

「ずるい」と大変なバッシングが起こり、結局、中退してしまった。彼女は自己推薦入試で芸能活動を評価されての入学だった。

さらに一芸一能推薦もある。一芸に秀《ひい》でていれば学業成績を問わずに入学させるというものだ。タレント活動を行ないながら入学した人も多いが、かつては、けん玉を披露して合格した受験生もいた。

仏教やキリスト教の宗教者を受け入れる推薦や、同窓生の子女であることを出願資格にして、受け入れる推薦入試もある。

面接や小論文で合格できるため、受験生にとって、推薦入試はお手軽な入学方法と見られるようになってきている。一般入試で学生が集まらない大学では、青田買いをせざるをえず、受験生にとっても学科試験ほど勉強せずに済むことから、互いのニーズが一致して推薦入試での入学者が増えている。公募制推薦と言えども、ほとんど全員合格の大学も少なくない。そのため、なかには小論文の答案用紙の出身高校の欄に「コリン星」などとふざけたことを書く生徒も出てくる。さすがにこの生徒は不合格にしたそうだが、理由は宇宙人だったからかもしれない。

大学受験が、個人戦から団体戦になってきた

一方、関西を中心に学力重視の推薦入試が実施されている。しかもほとんどが併願を認めている。公募制推薦入試でも、原則として第一志望が出願の条件で合格＝入学だ。それを崩し、何校か推薦入試で合格した後に、進学する大学を決めてもよいという方式だ。主に関西の大学で盛んに行なわれ、2科目入試がほとんどで、評定平均値を得点化して加算している大学もある。

この方式は人気が高く、大学によっては3万人もの志願者が集まるところもある。高校の進路指導教諭からは「面接や小論文だと、どうして落ちたのか理由がわからないが、学科試験では一般入試と同じで対策が立てやすく、不合格の理由もはっきりしていて、進路指導がしやすい」との声も上がる。

推薦入試は、もともとは高校生を多面的に評価して入学させることを目的にしていた。一発勝負の入試には弱い受験生もいて、それでも高校での成績が優秀という生徒に向いている方式だった。しかし、この学力重視型の方式では一般入試と同じだ。最近は大学生の学力低下が言われており、この方式だとそれを防げるが、時期の早い一

般入試ではないかとの批判もある。１次入試の前に行なわれるため、「０次入試」などと言われることもある。

推薦入試で変わってきているのが、付属校からの内部推薦だ。一種の指定校推薦だが、大学入試を経《へ》ずにエスカレーター式に進学できるところがメリットだ。ただ、大学に入りやすくなってきたために、今や付属校からほぼ全員が併設大学に進学するのは、早慶の付属校など、ごく一部になってきている。

付属校に在学していても、他大学を受ける生徒が増え、また、付属校も他大学受験を認めないことには、いわゆる進学校に生徒をとられてしまうようになってきている。

昔から併設大に希望する学部がない、あるいは希望学部に成績が足りず進学できなかったから、他大学受験を認める、という付属校は多かった。それが最近では併設大学への進学権利を留保したまま、他大学受験を認める付属校が増えている。他大学に全部落ちてから、併設の大学に進学することができるのだ。浪人する必要がなくなる。進学の「自由と安定」が保証され、人気は高い。この場合には併設大に文学部があっても、他大学の文学部を受験できる。こういった進学付属校が人気だ。

また、国立大学法人化後、国立大でも付属校推薦入学を実施している。東京工業大やお茶の水女子大の付属校などだ。さすがに東京大の付属校では実施していない。

推薦入試の問題点は、推薦入試で入学した学生と一般入試で合格した学生に学力差があることだ。1月まで一生懸命勉強してきた学生の学力のほうが高い場合が多いのだ。わずか3カ月の差ではあるが、現役生の場合、最後に学力は伸びる。しかし、推薦入試で年内に合格が決まれば、その後は高校を卒業できればいいだけということになり、勉強にそれほど身が入らないのだ。ほとんど全入に近い大学の関係者も「うちのような大学でさえ、一般入試の入学者のほうが、わずかとはいえ推薦入試で入学してきた受験生より学力は高い」と言う。そのため、推薦入試合格者に入学前教育を実施している大学は多い、多くの課題を与え、レポートを書かせたりして学力アップを図っている。それでも、やはり学力差、特に英語でそれが出てしまうのはしかたないらしい。

また、進学校では私立大の推薦入試を活用しないところも少なくない。クラスに年内に進学が決まった生徒がいると、センター試験まで皆で頑張ろうという雰囲気が崩れてしまうというのが理由だ。

国公立大の推薦入試では、多くの場合、センター試験の成績が必要だ。そのため、センターまでは頑張る雰囲気は変わらない。

こういったクラスの雰囲気を重視するのは、最近の進学校では受験を団体戦と捉えているところが増えているからだ。どういうことかと言うと、「クラス皆で第一志望校に合格しよう」という雰囲気に持っていくと、思わぬ効果が出てくるという。できる子がそうでもない生徒に勉強を教えたり、参考書や問題集の情報を共有できたりして、結果も良くなるという。

最近の高校生は家でひとり勉強するよりも、学校の図書館や自習室で仲間と一緒に静かに勉強するのが好きだ。「あいつが頑張っているから自分も頑張らなきゃ」と思えるのだという。学校も自習室の施設拡充に力を入れ、勉強合宿を行なうところもある。皆で合宿して勉強する。授業が行なわれる場合もあるが、皆で静かに勉強し、わからないところを引率の教員に聞くというのが主体の合宿だ。生徒の中には普段でも、勉強は学校や町の図書館で行ない、家に持ち込まない人もいるという。親は子どもが家でごろごろしていても、「遊んでないで勉強しろ」とは言いにくい状況になっている。「もうやってきたよ」と言われるのが落ちだ。この勉強スタイルを見てもわかるように、今や大学受験は個人戦ではなく団体戦になってきているのだ。昔では考えられないことではないだろうか。

1968年に流行した高石友也の歌に「受験生ブルース」がある。その一節に「テストが終れば友達に　ぜんぜんあかんと答えとき　相手に優越感与えておいて　後でショックを与えるさ」という歌詞があるが、今の高校生には理解できないかもしれない。そんなことをする必要がないからだ。この歌の世界は、多くの面で今や崩れてしまっている。

1990年に慶應が始めた日本版AO入試

最近、入学者が増えているのがAO（エイオー）入試だ。私立大入学者の10％を占めるほどに増えてきている。

聞きなれない方式だが、それもそのはず、ＡＯ入試は１９９０年に始まった歴史の浅い入試方式だ。ＡＯはアドミッションズ・オフィスの略で、もとはアメリカで実施されてきた方式だ。受験生と大学が対話を重ねることによって、受験生は「この大学で学びたい」、大学も「この生徒に入学してほしい」と双方が納得して初めて、入学を認める入試方式のことで日本式に発展してきた。

最初に始めたのが慶應義塾大のＳＦＣ（湘南藤沢キャンパス）の総合政策と環境情報の２学部だ。この２学部は１９９０年に新設されている。

当初は慶應だけが実施していたが、文部科学省が新しい方式の可能性を認めたことから、21世紀になって実施校が急増した。２０１２年には国立大47校、公立大23校、私立大４６０校の計５３０校が実施するまでになった。

そのＡＯ入試はどう行なわれているのか、ひとつの実施例を挙げると、次のようなものになる。受験生はエントリーシートを書いて大学に出願→大学は書類選考→合格すると１回目の面接→続いて２回目の面接→内定合格→正式な出願（受験料、調査書などが必要）→正式な合格という流れになっている。

エントリーシートでは高校時代の活躍ぶりをアピールする。部活動などでどのように活動し、どういった成績を残したかなどだ。これをもとに書類選考が行なわれ、認められると面接に進む。面接では「高校時代何をやってきたか」「どうしてこの大学を志望しているのか」「入学後はどんなことをやりたいか」と過去、現在、未来を聞かれるのが主流だ。それ以外でも大学で受験生に実験を行なわせたり、グループディスカッションをさせたり、学科試験を課す大学もある。ただ、一般的には面接だけで合否が判定される。

そのため、特殊なAO入試も少なからずある。かつてはバーベキューAO入試があった。教員と受験生がバーベキューを行ない、和気藹々《わきあいあい》と一緒に食べるという入試だ。その様子を教員が観察し、受験生は作文を書き、それを総合して合否判定するというものだが、今は行なわれていない。

AO入試は高校時代、スポーツに明け暮れ、大学ではスポーツも勉強も頑張りたいと考える受験生には最適の方式かもしれない。推薦入試のように学校長の推薦や高校時代の成績は問われず、一般入試のような学科試験もないからだ。

昔の入試はあくまでも客観性を追求していた。その究極がマークセンスとかマークシートと呼ばれる方式だ。今もセンター試験はこの方式で実施されている。機械が採点するため、採点ミスは起きない。採点者の判断で得点が異なることもない。

しかし、最近ではこの客観性追求が崩れ始めている。ＡＯ入試などはその最たるものだろう。大学の求める人材を明らかにし、試験を担当する教員が合議制とはいえ、主観的に判断して選抜していく方式だからだ。企業の採用に似てきている。個性尊重の時代だからこそ、こういった方式が認められるようになってきたのだろう。社会が変わってきたということだ。大学に入学しやすくなったことも影響していると見られる。

しかし、最近はエントリーシートに書かれる高校での活動が、ボランティアばかりになってきているという声が大学から漏《も》れてくる。たとえば、スポーツだと実績を求められる。県大会ベスト８など、実績が高ければ高いほどアドバンテージになる。しかし、何事でもそうだが好成績を取るのは難しく、その点、ボランティアでは差がつかない。応募資格がボランティアばかりになるのは、大学の本意ではないのだ。こうなったのは、とりもなおさずAO入試対策が進んだということなのかもしれない。ただ一方で、最近は実際に社会貢献の意識が高く、ボランティアに参加する高校生が増えているとの見方もあり、何とも言えないところだ。

AO入試は基本的には自己PRが上手な、プレゼンテーション能力が高い受験生向きだ。無口な受験生には向かないと言っていい。「難関大に一般入試で受けたのでは今ひとつと思われる生徒が、プレゼンテーション能力が高いため、AO入試に合格したケースもある」と、高校の進路指導教諭は言う。また、AO入試は大仰《おおぎょう》に言えば、人間全体を見る試験でもある。エントリーシートで自分の良いところを書き、面接を通して自分をさらけ出し、合否判定を受けているとも言える。そのため、女子校の進路指導教諭は「AO入試に不合格になると自分を否定されたようなショックを受け、立ち直れなくなる生徒もいて、AO入試は受けるなと指導しています」と言う。学力だけで合否判定される一般入試より、はるかに重いショックを受けるようだ。

これだけが理由ではないが、AO入試は高校の教員には評判があまり良くない。前述の流れを見てもらうとわかるが、受験生と大学とのやり取りで、高校の進路指導教論は出る幕がなく、正式な出願の時に初めて知ることになるからだ。つまり何も知らないところで、生徒の進学が決まることになる。これは職務上、認められないとの気持ちが強いのだろう。そのため、最近では高校の進路指導教諭が関与する方式に改める大学も増えている。学力低下への歯止めの意味もあって、ＡＯ入試での調査書の活用などを文部科学省は言い出している。入試時期も１年中だったのが、出願は８月１日以降にするよう通達された。

このＡＯ入試のやり方を見ているとわかることだが、学生募集が厳しい大学にとってはたいそう活用しやすい入試方式だ。面接だけで合否判定でき、高校時代の成績も学科試験も必要ない。受験生にとっては、大学で学びたい情熱さえあれば、受験勉強の準備も必要なく合格可能だ。別の見方をすれば、勉強しなくても大学に進学できる方式とも言える。入試時期も一般入試はおろか、推薦入試より早くに合格が決まる、このような状況だから、ＡＯ入試の「ＡＯ」を「青田買いの『青』の略」と揶揄《やゆ》されてしまうのだ。

第3章　学部・学科の人気も大きく変わった

“理高文低”の学部選びが最近のトレンド

受験生の学部・学科の人気は、近年、大きく変わってきている。顕著になってきた傾向は、世の中の景気動向と連動していることだ。そうなるのは、4年後の就職をにらんでいるからに他ならない。

大学通信が実施した全国の進学校の進路指導教諭へのアンケートの中で、「生徒は以前に比べて就職を意識して大学、学部を選ぶ傾向は強くなっているか」を聞いたところ、「かなり強くなった」が34・5%、「少し強くなった」が53・2%となり、この二つを合わせると9割近くに上っている。受験生の学部・学科選びの中心は、卒業後の就職にあることがはっきりしてきているのだ。以前は大学入学前から就職のことを意識するなど、医学部など一部の学部を除いて考えられなかったことだった。

その就職を意識した学部・学科選びではひとつの法則とも呼べるものがある。それは不況期には理系学部の人気が上がるということだ。これは昔から変わらない。バブル景気の崩壊後もそうだった。今回は2008年秋にリーマンショックが起こり、2009年入試の志望変更は、入試までに時間がなかったため無理なタイミングだったが、２０１０年入試から理系人気は上昇の一途をたどっている。

なぜ、人気になるのかというと、不況の時でも企業の新卒採用では、技術者の採用数をそうは減らさないからだ。メーカーなどの大企業は、会社発展の根幹となる技術者の採用はあまり絞らない。そうなると理工系学部の人気が上がる。採用が減るのは事務系だから、文系学部の人気が下がるということだ。不況になると、理系の人気が上がり、文系の人気が下がることが繰《く》り返されているのだ。

理工系だけではなく、不況になると人気が上がるのが農学系だ。不景気になったとしても消費者は食料を買うため、食品系企業の収益は安定している。そのため、就活で食品系企業が人気になるのだが、同じように受験生にとっても、食品系企業への就職に有利な農学部の人気が上がる。

このように理系学部の人気が全般的にアップし、12年入試では理系学部は、ほとんどの系統で前年より志願者が増えた。一方で文系学部はいずれも前年を下回る志願者数だった。

就職率の高い理工系学部だが、さらに細かく見ていくと、すべての学科が人気があるというわけではない。この人気も世の中の動きと連動する。

ITバブルの時には情報系の学部・学科が人気だったが、ITバブルが弾《はじ》けると、あっという間《ま》に人気が下がった。六本木ヒルズをはじめ、高層ビルが次々と建てられた時には、建築学科の人気が上がった。建築は今でも人気が高く、今までなかった建築学部が、近畿大や工学院大に新設されたほどだ。

逆に人気がないのが土木系で、この名称を環境系に変える大学も多い。土木系はガテン系のイメージがあり、リケジョに人気がない。同様に機械工学科と電気電子工学科も、女子にあまり人気がない。機械や電気は苦手な女子が多いということだろうか。就職は手堅いことで知られているのだが。

リケジョに人気なのは理学や農学系だ。理学部では女子が得意な分野を直接学べるので人気が高い。さらに農学部に女子が増えている。学部のイメージが変わり、農作物を作るというイメージはなくなり、化学、生物、バイオなどが学べるとの認識で人気を集めている。

とどまるところを知らない医療系人気

リケジョだけでなく広く人気が伸びているのが医療系だ。人気の理由は、受験生の就職の安全志向のおかげと言われている。国家試験突破のハードルはあるにせよ、資格を取得すれば就職を有利に進められるという考えだ。以前は受け皿となる医療系学部は医、歯、薬などに限られていた。それが今は看護学部・学科や理学療法士や作業療法士などのリハビリテーション系、診療放射線技師、臨床検査技師、鍼灸師、柔道整復師などを目指す学部・学科が、次々と大学に設置されるようになって、進学先も多様化してきている。そのため、受験生のレベルによって、目指す医療系学科が変わるのだ。

さらに、最近では女子を中心に〝手に職をつけたい〟との考えも、医療系人気の追い風になっている。中学受験の専門家は「母親の影響でしょう。結婚して子育てが終わり、再び働こうと思っても有名大学を出ていたところで、パートの仕事ぐらいしかないのに、国家資格を持っていると仕事はあるわ、時給は高いわでうらやましい。それを見て、どの時代でもどこの場所でも役に立つ国家資格を手に入れられる、医療系に進学させたいと考える母親が増えているようで、中学受験の時の志望校選びもその実績を重視しています」と言う。

さらに、こんな話もある。「新卒で銀行に勤めていて、家庭が一段落して再度、銀行で働くようになっても、人間として経験を積んで世の中のことがよくわかって成長したはずなのに、何もわからない新入社員より安い給料で働くことになってしまう、とこぼすお母さんもいます」

このあたりが〝手に職を〟の原点なのかもしれない。

この医療系人気は女子だけではない。トップ層の受験生は、地方を中心に東京大や京都大の理系学部より、国公立大の医学部を目指す傾向が顕著になってきている。関西の私立進学校の進路指導教諭は「進路は最終的には本人任せでどうしようもありませんが、本音を言うと東大や京大の合格者が増えるほうが、翌年の生徒募集にプラスです。しかし、理系の生徒に東大や京大より国公立大医学部に進学したいというのが、定着してきているように感じます」と話す。

受験生は「東大や京大の工学部に進学しても大学院進学が当たり前で、大学には修士まで在学すると6年通うことになるから医学部と同じ。修士を出ても就活があるが、医学部にはそれはなく、先を見ても高収入で、定年はなく、社会的地位も高い。国公立大の医学部の中には東大や京大の理系より入りやすいところもあり入試が楽だし、京大の山中伸弥《やまなかしんや》教授が発見したｉＰＳ細胞のように、学問分野としても興味深いのが理由」と話す。

山中教授はノーベル賞を受賞したが、同じように研究医を目指したいというトップ層の受験生も増えているようだ。山中教授のノーベル賞受賞の影響もあって、２０１３年入試では京都大は医学部だけでなく、全体として志願者が増える結果となった。

これに加えて最近では、医師不足から医学部の定員が増えていることも、医学部志望者増に拍車をかけている。２００７年まで７６２５人だった医学部の総定員が、08年から増員され、12年には８９９１人にまで増え、過去最高となった。以前は医師過剰で、定員が抑制されていたのが増加に転じたのだ。さらに、医学部の定員が多かったのは近年を除くと１９８１〜１９８４年の８２８０人。この時に医学部に進学し、医師になった人たちの子どもが、ちょうど大学入試に挑む頃でもあり、医者の子は医者を目指すケースが多いこともあって、医学部人気がますます高まっている。

地方を中心に高まる医学部人気

かつては進学校のトップの生徒は、医学部に進学するのが当たり前の時代があった。それが今は一般化している。トップ校での高2での文系、理系分けでは、圧倒的に理系が多くなっているが、進学校の進路指導教諭によると「増えた分はみんな医学部志望」という学校もある。ある私立一貫校では5クラス中、1クラスが文系、2クラスが理系、2クラスが医学部だという。

成績がいいだけで医学部を目指す生徒が増えると、弊害も起きてくる。医学部の大学教授が「最近は医師になるより、パソコンに向かっているほうが合っている学生が増えた」と言う。医療機器の発達で医師もデータ重視になり、パソコンに向かうのも当然のことではある。しかし、これが医師になってから問題が起きるようだ。

ベテラン医師が「若い医師たちが『現代の奇病だ』と騒いでいる入院患者がいました。データを見たら体温が高いだけで、他はすべて正常なんです。たしかに奇病とも言えますが、何だかおかしいと思い、看護師に検温の時にそばで見ているように言ったら体温はすぐに正常になりました。つまり、詐病《さびょう》で自分でこっそり体温を上げていたのですね。人を見ずにデータに頼りすぎるから、それが見つけられないのです」と話しているのを聞いたことがある。

さらに、医学部というと学費が問題になる。国公立大医学部を目指す生徒に、スベり止めはないと言われる。学費の国私間格差が大きいからだ。私立大の医学部の６年間の平均学費は大学通信の計算によると、およそ３３４２万円で、国公立大は３５０万円だから、約10倍もの差になる。浪人しても仕送りをしても、国公立大医学部に進学するほうが安上がりなのだ。国公立大医学部志望者は「北は旭川医科大から南は琉球大医学部までみんな志望校」と言われるのも、うなずけるところだ。しかも、昔も今も国公立大医学部は最難関学部であることに変わりはなく、最低でも難易度は60を超える。

最近では私立大医学部でも順天堂大、東邦大など、学費を値下げする大学が増えている。順天堂大の初年度納入金は、慶應義塾大医学部を下回り、私立大最安値の２９

0万円だ。私立大医学部では、学費と難易度は反比例の関係にある。学費が高いほど難易度は下がり、学費が安いほど難易度は上がる。私立大医学部では親が学費を払いきれず、祖父母が払う例だってある。私立大医学部の入試担当者によると、「最近は歯科医の子どもが増えている」という。値下げが進んだとはいえ、まだまだ学費は高く一般家庭では捻出するのは大変だ。

また、地方での医師不足解消のために、医学部に県内枠が設けられるようになってきている。医師不足の都道府県で認められており、卒業後は県内で医師として働くことを条件として合格となる。この地域枠は推薦入試などで募集されており、「一般の医学部より合格レベルが少し下がる」と地元高校の進路指導教諭は話し、医学部志望者にはそこを狙わせる指導をしているという。この制度のおかげで、それまで国公立大医学部への合格実績が、それほど高くなかった高校から合格者が出るようになってきた。なかには「地域枠に合格しているのは、ほとんどが県内の開業医の子ども」と話す高校の教員もいる。開業医の親とすれば、後継ぎが県内でしか医師ができないのだから、最善の進学かもしれない。

近年は受験生の地元志向が進んでいる。不況で仕送りが大きな負担ということもあるが、少子化で親が子どもを手元においておきたい気持ちも強く、同時に子どもも親元から通うことを望んでいる場合も多い。地域枠もそうだが、医学部ならどこの大学で医師免許を手に入れても地元に戻って来ることができる。特に地方では理系の優秀な学生の就職先が、地元にそれほど多くはない。そのため親が勧め、本人も医学部を選んでいるケースもあるようだ。これは医学部に限らない。他の医療系学部の人気が高いのも、このあたりに理由が潜んでいそうだ。

それ以外の理系学部で、近年人気が上がっているのが看護系学部だ。人材不足の職種でもあり就職率は９割を超え、志願者が毎年増え続けている。多くの大学に新設されているので、１大学に志願者が集中することはあまりないが、人気は高い。大学も経営の安定を図る意味で、確実に入学者がいる看護学部を新設する大学が多い。経済系や芸術系の単科大学に、いきなり看護学部が設置されることも珍しくない。看護学部となると女子が中心になるため、キャンパスの雰囲気を大きく変える効果もある。

ただ、看護学部でも大学で困る学生が入学してくることがあるようだ。大学教員は

「血が苦手だとか、汚物を触れない学生がいる」と言う。

医療系は大学に入学した段階で、将来の職業が決まる。将来の就職を考えて学部・学科選びをするのはいいが、適性も見逃してはならない。入学後、ミスマッチがわかって再度、受験となるとお金がかかるのだから、できるだけ避けたいものだ。子どもの適性を判断するのは親の役目だろう。

さらに、6年制に変わって人気の下がっていた薬学部が、ここにきて人気を盛り返している。6年制になった当初は、私立大では前年に比べ志願者総数が6割に急減した。女子に人気の学部だが、修業年限が長くなったことに加えて、学費も2年分増えることから敬遠されたのだ。その後も低迷が続いていたが、ここにきて増加に転じている。

その大きな理由は就職が好調なことにある。12年に初めて6年制に変わった薬学部の学生が就活に臨んだが、3年ぶりの新卒の薬剤師が出たこともあって大変な売り手市場となり、就職率100%の薬学部が4校も出るほどだった。理系学部の就職率ベスト20のうち、15が薬学部という驚異的な就職状況だ。この影響もあって、13年入試で薬学部の人気が大きく上がった。今後も好調な就職状況が続くようなら、人気は持続していきそうだ。

また、家政系に分類されるが、管理栄養士養成のコースの人気も高い。卒業後は病院や給食センターなどに就職するが、今は食品の安全・安心や成人病を防ぐ食事など、世の中の関心が高いこともあって手堅い人気だ。女子大に多く設置されているが、最近では理系の大学にまで、設置されるようになってきている。大学の関係者は「男子でも志願できるのですかと聞かれることが多く、男女共学をアピールしましたが、男子で管理栄養士になりたい人も少なからずいます」と言う。

管理栄養士はカロリーなどを考え、健康にいい食事を考えるわけだが、職場で困ることもあるという。管理栄養士によると「自分より年配の調理師にメニューを渡したら、『自分で作ってみてください』と言われ、おいしく作れずに、恥をかいたことがあります」と言う。カロリー計算も大切だが、おいしさはもっと大切かもしれない。大学で調理まで面倒を見てくれるところも多いが、家庭で子どもに料理を作らせることも大事になってきている。

文系で人気は国際系で、人気がないのが法

このように、人気が高まる理系学部に対して、人気ダウンのままなのが文系学部だ。その中で近年、比較的人気があるのが国際系の学部だ。語学をしっかり身につけることでは外国語学部と変わらないのだが、それに教養、経済、文化をはじめ、プラスアルファの学びがあるため、受験生の人気が高くなっている。

以前から国際系学部は設置されていたが、大きな注目を集めるようになったのは、公立の国際教養大が2004年に開学してからだ。同大は秋田にあり、けっして交通の便がいいところにあるわけではない。キャンパスの周囲には何もないと言っていいぐらいで、遊ぶ場所はなく学習環境としては最高だ。

国際教養大の教育の大きな特徴は、授業がすべて英語で行なわれること。授業を見学したが、入学して1年も経っていない学生が英語で議論を戦わせていた。外国人教員や留学生も多い。1年次は全員が寮生活で外国人学生とともに生活し、卒業までに1年間留学することを義務づけている。

2008年に初めて卒業生を送り出したが、就職は大企業を中心に100%近い結

果だった。留学があるため5年で卒業する学生も多いが、就職に大きな影響はないという。東京の大手企業が何社も、同大のキャンパスで行なわれる就職説明会に参加している。大手企業の採用担当者は「国際教養大の学生なら全員採用したい」というほどの人気ぶりだ。やる気があり国際感覚を身につけているのだから、引く手あまたのようだ。

進学校の進路指導教諭も「旧7帝大に合格できる力のある生徒が、教育が気に入ったからと、国際教養大に進学しました」と言う。13年も合格者の多い高校のトップは愛知の明和、2位が福岡の筑紫丘《ちくしがおか》で、地元志向が強まっている中での完全な全国区型大学だ。当然、難易度も上昇している。

今のところ飛ぶ鳥を落とす勢いなのだが、問題がないわけではない。秋田県が設立した公立大でありながら、県内からの入学者が少ないのだ。13年の合格者に占める地元秋田の割合はわずか1・8％なのだ。難易度が上がれば、さらに入学は厳しくなる。県としてはいい教育を展開しながら、地元の人材育成にプラスになっていないのは問題のようだ。

このような教育を、すべての大学ですればいいではないかと思うかもしれない。できるかというと「疑問だ」と言う予備校関係者は多い。「英語が苦手だから偏差値が上がらず難関大に合格できない生徒は多いので、授業がすべて英語となると、かなりレベルの高い生徒でないと、授業についていけないのではないか」と言う。英語が苦手なのに進学すると苦労することは目に見えている。さらに、教員の問題もある。英語で教えられるかということだ。教員のグローバル化も求められている。

早稲田大も、国際教養大と同年に国際教養学部を新設。この学部も授業はすべて英語で、そのことを知らずに早稲田のひとつの学部と思って入学すると、大変な目に遭《あ》ってしまう。受験の時に学部・学科研究は必要不可欠だ。そこで腹をくくって頑張ればいいが、それこそ中退になっては話にならない。

こういった国際系学部は近年、多くの大学に設置されるようになってきている。国際教養大が新設される以前の2000年には、大分の別府に立命館アジア太平洋大が新設されている。在校生の半分が外国人留学生で、いろいろな国からやってきている。キャンパス内の公用語は日本語と英語だ。異文化にどっぷりつかることで、日本にいながらにして、留学しているようなキャンパスだ。就職状況も好調で、国際色あふれる大学として注目されている。

この他にも法政大のグローバル教養、明治大の国際日本、立教大の異文化コミュニケーション、関西学院大の国際、同志社大のグローバル・コミュニケーション、2013年には同志社大にグローバル地域文化の各学部が新設された。

また、東京外国語大は12年に外国語学部を国際社会と言語文化の2学部に改組した。東京外国語大から外国語学部がなくなったわけだ。やはり、受験生の国際系学部人気に合わせての改革で、狙い通りに受験生の人気は高くなった。校名が学部内容と合わない感じがするが、校名変更するにしてもぴったりくる名前がないようだ。さらに、今後も国際系学部の新設を検討している大学は少なくない。

国際系の学部はないが、グローバル化に対応する教育で人気が上がっているのが国際基督教大と上智大だ。国際基督教大は教養学部の単科大学だが、教養教育に力を入れていることで知られる。留学生や外国人教員も多く、グローバル化が進んでいる大学だ。受験生の第一志望での入学者が多いことで知られる。この2大学に国際教養大、早稲田大、立命館アジア太平洋大を加えた5校で、グローバル5大学の連携協定を結び、共同教育などを展開していく予定だ。

この他に文系で人気なのは教育学部だ。以前は学級崩壊やいじめ問題、モンスターペアレンツの存在など、教員を目指す若者に冷水を浴びせることばかりが注目され、そのため受験生には敬遠されていた。教員採用も少なく、教員になりたくてもなれないことが多かった。人気がない当時には、国立大の教員養成系学部では、教員免許取得を義務づけないゼロ免課程と呼ばれる新しい課程を設置するほどだった。

ところが、団塊の世代の教員が大量退職したため、近年では教員採用が大都市を中心に活発になってきて、人気が上がってきている。地元就職を考えるのであれば、文系の学生にとって教員は魅力的だ。

さらに、最近では小学校教員の養成を行なう学部・学科の新設が、私立大で増えている。それまでは小学校教員の養成は国立大中心で、私立大では文教大など数えるほどしか養成できる学部はなかった。それが今では早稲田大、青山学院大、立教大、立命館大など、多くの大学に養成課程が設置されるようになってきた。学習院大の文学部教育学科は13年に新設されたが、秋篠宮家の次女の佳子様が入学したことで有名になった。

この他にも保育士や幼稚園教員を育成する学部の人気も高い。保育士を目指す学部・学科は女子大に数多く設置されているが、最近では管理栄養士と同じで男子が入学できるところも出てきている。予備校の進路指導担当は「小さな子ども相手だから、自分でも何とかなると進学を希望する女子受験生が増えています。子どもの相手も大切ですが、基本的には保護者とうまくやっていくことが求められます。ところが、研修先で保護者への手紙の字が間違っている、言葉遣いがなってないなど、クレームが寄せられることもあると聞きます。受験の時にそのことをもっと意識する必要がありますね」と言う。そんなに甘くはないようだ。

人文科学系の人気は、下げ止まり

それほど人気があるというほどではないが、人気低下が下げ止まった感じなのが人文系だ。「文学部は就職率が悪い」とよく言われるが、文系学部全体の就職率が芳《かんば》しくないこともあって、受験生に「どこの学部に進学しても就職率は悪いのだから、就職を考えずに大学で学びたいことを学ぼう」という考えも出てきている。そのため人文系学部の人気は、それほどは下がっていない。

ただ、女子の志望者が多い文学部は、学科によって人気にばらつきがある。近年、人気があまりないのが国文、日本文学系だ。また、ドイツ文、フランス文、ロシア文なども人気がない。これは人気言語が時代によって変わることもある。

たとえば第2外国語で今、人気があるのは中国語だ。尖閣諸島問題はあるにせよ、ビジネスチャンスは広く、就職に有利ということもある。余談になるがこの尖閣諸島問題が起きて、もっとも頭を痛めたのが中国系の学部・学科のある大学で、やはり受験生に敬遠され、入りやすかった。

この中国語に続いて最近、人気が上がってきているのが韓国語だ。こちらも竹島問題はあるにせよ、一時のヨン様をはじめとする韓流《ハン》ドラマブームで人気が高い。近隣のアジア諸国の言語が人気だ。

一方、文学部で人気が高いのが史学分野だ。〝歴女〟など、歴史好きの女子が増え人気が高まっている。その他では心理がずっと人気だ。近年では独立して心理学部を新設する大学も増えている。「自分探し」で進学する受験生が多いという。学びとして人気は高いのだが、就職率はそれほど良くはない。

また、英語系の学科や外国語学部の人気も高い。国際系の学部を目指す受験生は多いが、そこまでハードな英語教育を望まない受験生もいるためだ。外国語がこれからのグローバル化社会を生きていく上で、必要なことを受験生はわかっている。

最近の若者は留学しないと言われている。留学することで進級が1年遅れると就活が厳しくなり、友人から情報も得られないというのが大きな理由だ。これは国際教養大を見れば杞憂《きゆう》にすぎないことがおわかりいただけよう。しかし、まだまだその考え方の学生は多い。

２０１２年の東京大の秋入学騒動もここに端《たん》を発している。もっと日本人学生を留学させ、海外の学生の受け入れを積極的に推し進めることに加えて、海外のノーベル賞を受賞したような優秀な教員に教えてもらいたい、などという考えが、東京大にはある。その根底には世界の大学ランキングで東京大の順位が低く、評価基準の中に、こういったポイントが低いため順位が下がっているとの見方があるからだ。

欧米諸国では8割が9月に新学期が始まる。それに合わせるためにも9月入学ということだったようだ。

具体的には入試は現行のまま2～3月で変えずに、入学だけを9月にするという提案だ。4月から8月まではギャップタームとし、フィールドワーク、ボランティア、国際交流などの体験プログラムを行なってもらうという考えだ。当然のことながら賛否両論、議論百出の状態になった。東京大は9月入学は単独では行なわず、旧7帝大に東京工業大、一橋大、筑波大の国立10校、早稲田大と慶應義塾大を加えた12大学で検討していくとした。しかし、京都大が早々と実施しないと発表して足並みは揃《そろ》っていない。

最近では東京大に合格しながら、入学を辞退して海外の有名大学に進学するトップ進学校の生徒も少なからず出てきている。景気が良くなれば、優秀な高校生の海外流出、日本の大学の空洞化が進む可能性だってある。

東京大自身の問題もある。現状の東京大では1年間留学すると例外なく5年で卒業ということになるが、私立大では4年で卒業できるところも多い。海外の大学で取得した単位を日本の大学の単位に読み替えるからだが、東京大ではそれがほとんど認められていないという。大学の努力も不足しているのではないだろうか。また、大学に進学してから留学を考える受験生には私立大志向が強いという。高校の進路指導教諭は「海外の大学の学費が高く、学費を安くするためには交換留学なら日本の大学に払った学費で行くことができます。そこで海外に協定校をたくさん持っている私立大を目指すことになるのです」と話していた。

人気ダウンの法、経済、福祉などの社会科学系

文系で人気ダウンが目立つのが社会科学系統だ。サラリーマン養成学部と言われる経済、商、経営系学部の人気が振るわない。景気が回復すれば志願者が増える学部系統で、バブル経済の時には人気がもっとも高かった。景気は回復基調だが企業の採用が増えないことには、なかなか人気回復とはいかない。なかでも人気ダウンが顕著なのが経済だ。高校の進路指導教諭は「企業のことを主に学ぶ経営や商に比べ、学んだ

ことが、この先、どう広がっていくか、経済学部は見えにくいし、入学後に数学があることで敬遠する生徒も少なくない」と言う。

同じ社会科学系の中で、不況に強いとされてきたのが法学部。13年入試では志願者が減り続けてきた反動から入りやすくなったために狙われたが、人気は長期低落傾向にある。13年の東京大の「進振り」では、文Iから法学部への進学者が定員を下回った。入試でも13年ぶりに東京大の文Iで二段階選抜が実施されなかった。東京大でも法学部の人気が低下している。12年入試で、もっとも志願者が減少した学部系統でもある。

なぜ人気がないのか。今までは法学部は法曹に進める道として人気が高かった。しかし、今は法曹に進もうと思うと、法科大学院に進学しなければならない。以前のように司法試験一発勝負というわけにはいかない。

法科大学院が設置された当初は、大学院からの司法試験合格率は、医師国家試験並みの8割を目指すと言われていた。それまでの旧司法試験の合格率は約4％だったたから、一気に期待が膨らみ法学部人気になった。法学部バブルである。しかし、最初の

06年の新司法試験での法科大学院修了者の合格率は48・3％だった。高率となったものの、とうてい8割には届かなかった。その後は下がる一方となり、12年は25・1％にとどまった。それでも旧司法試験より合格率は高くなったが、期待したほどでもなかったことで失望感が広がっていった。

法科大学院は法学の知識がある学生が2年、なければ3年の修業年限。大学・大学院修了に6～7年かかってこの合格率では、学費の投資に見合わないとの考えも出てくる。さらに、「弁護士になっても仕事がない」などと報道されたのでは、親としてはよほどの覚悟がない限り、子どもに目指してほしくないのが本音だろう。

また、不況になると人気が上がるのが公務員だ。法学部は公務員になるのに有利とされ、それもあって不況に強い学部と評価されてきた。以前は経営が悪化する大企業も少なくないなかで、自治体は倒産がないことから人気が高かった。しかし、今は事情が違う。公務員の人気が落ちているのだ。自治体の財政は悪化しており、公務員の給与が引き下げられ、採用も減っている。さらに、国家公務員であるキャリア官僚が民主党政権の事業仕分けで、国会議員にやり込められる姿が連日報道された。こういうのを見ると、受験生にとっては公務員が夢のある職業には見えない。

ただ、文系の学生が地元に残るには、地元企業の採用が期待できないのであれば、教員か公務員を目指すのが手っ取り早い。だから教育学部人気は高く、ある面、公務員人気が形を変えているとも言えよう。しかし、教員を目指さないのであれば、地元の国立大を卒業して公務員を目指しても、採用枠が縮小している現状では試験突破が厳しい。地元に残るため、警察官や消防士になる人が増えているほどだ。国立大出のおまわりさんも少なくない。

もともと法学という学問分野に、人気があったわけではない。「就職でつぶしが利《き》く」とされ、就職の良さから人気があったのだが、それが崩れるとあっという間《ま》に人気ダウンとなった。大学の入試担当者は「受験生の中には、法学は難しいから学びたくないとの声があるのも事実です」と話す。たしかに法律の条文などを理解するのは大人でも骨が折れるし、それを学びたくないという気持ちはわからなくもない。

社会科学系分野は、大学でマスプロ教育のイメージが抜けない学部でもある。大教室で何百人も一緒に授業を受ける教育は、今の時代には流行《はや》らない。それまで教育を受けてきた小中高は少子化から、少人数教育になっているところが多いこともある。予備校でも大教室で一度に多くの受験生が授業を聞くスタイルはとっていない。大学でも同じなのだ。保護者は少人数教育で、教員の目が隅々まで行き届くことを希望している。もちろん、大学に学生が集まらず、結果として少人数教育になっているのは論外だ。

その他でも文系では数少ない、国家資格と結びついているのが福祉系だ。人材が不足している分野でもあり就職率は高いのだが、受験生にはあまり人気がない。大変な仕事だけにやりがいのある分野なのだが、待遇面で厳しいことが報道されたために敬遠されている。大学関係者は「テレビで現場の仕事が大変で待遇は厳しいことが報道されるたびに、志願者が何％ずつか減っている感じで見ていました」と話していた。

第4章　受験生の大学情報収集法

大学の情報入手方法が変わってきた

受験生の大学情報の入手方法も、昔と比べて大きく変わってきている。その理由は、大学が自ら積極的に情報公開するようになってきたことにある。

今の受験生が大学情報を得るもっとも大きな情報源は、大学パンフレットだ。昔は大学が自らを紹介する冊子といえば、願書の中に入っている大学案内ぐらいのものだった。だから、入試が近づくまで、手取り足取りの大学情報はないのが普通だった。

そのため、旺文社の「螢雪時代」や「サンデー毎日」や「週刊朝日」などの大学特集などの記事、模試を受けた時の難易度、予備校の資料などが大学についての主な情報源だった。それに加えて、多くの大学が集まって開催する相談会に参加して、大学のスタッフから話を聞くことぐらいだったと言えるだろう。それ以外には口コミ情報など。ネットがない時代だから手に入る情報はかなり限られていた。

変わり始めたのは、大学パンフレットが作られるようになってからだろう。昔も相談会などに参加すると、大学から資料がもらえたが、大学パンフレットがない時代には、前年の願書に同封されている大学案内と、その年の入試結果のプリントぐらいのものだった。それでは受験生に不親切ということに加えて、大学が受験生に説明する時にも内容に不足を感じるようになってきた。そこで、大学案内を新年度版にして、入試結果集と1冊にした大学パンフレットが新しく作成されるようになっていく。

これは1982年の神奈川大の大学パンフレット「The Way」と関西学院大の「空の翼」が草分けと言われている。今では国公立大を含めてほとんどの大学で作成され、早いところで4月には新しいパンフレットができ上がる。主な内容は学部・学科の紹介、就職状況、各学部で取得できる資格、施設・設備、キャンパスライフ、学費などだ。

かつては東洋大がこのパンフレットに、マスコットとしてムーミンを使っていたこともある。このパンフレットは人気が高かった。大学通信は毎年、受験生に「入手したパンフレットの中で、どれが一番良かったか」のアンケートを取っているが、ほとんどの年度で1位だった。ムーミンのかわいらしさだけでなく、大学パンフレットの内容がわかりやすいことも人気の理由だった。

多くの大学のパンフレットでは、中の文章が難しい。特に学部・学科紹介に難しい文章が多い。大学教員が執筆しているからだと思われるが、専門用語を駆使したかなり高度な内容になっている。高校生の学力低下が叫ばれて久しいが、理解できない用語を注釈なしに使っている場合もあり、読むのは骨が折れるのではないだろうか。

大学教員にしてみれば「これぐらいは理解して入学してきてほしい」という気持ちなのだろうが、理想と現実は大きく乖離《かいり》している。その現実を踏まえるべきだと思うのだが、パンフレットについては大学の難易度差は感じられず、どこの大学も同じような高度な内容だ。

だから、受験生に評価の高いパンフレットは、中身が読みやすく作られている。たとえば、学部・学科紹介では学部長と学生の対談にするなどの工夫が凝《こ》らされている。教員の紹介文だと難解なものでも、話し言葉になると読みやすく、わかりやすくなるからだ。

また、最近ではデータもふんだんに活用されている。現在、各大学が力を入れページを割《さ》いて紹介しているのが、就職や資格取得だ。昔の大学案内やパンフレットでは就職や資格などはあまり紹介されていなかった。これらは学生の個人的なことだという考えが強かったからだろう。司法試験などを除き、大学がサポートするとの考えはあまりなかったのかもしれない。

それが時代が変わり、不況になって就職が深刻になるにつれ、就職面での支援への大学の期待が今まで以上に大きくなってきている。今では大学のバックアップのもと、働くとは何かということから始まるキャリア教育を受けながら、３年生の12月から始まる就活を目指していくようになってきている。大学のキャリアセンターを中心とするサポートが注目されているゆえんだ。そのため、大学はどこまで就職支援をしてくれるのか、その実績はどれぐらいなのかを事細かにパンフレットに載《の》せている。就職についての紹介記事を、パンフレットの最初に掲載している大学も多い。受験生や保護者は、就職情報で大学を選ぶ傾向が強いからだ。

さらに、最近では大学の第三者評価の結果を載せているところも増えている。たとえば、大学通信が調査した就職率のランキングで「卒業生１０００人以上で全国１位」とか、「高校の進路指導教諭が選ぶ『就職に力を入れている大学』西日本１位」などだ。これは大学通信だけでなく、朝日新聞出版の「大学ランキング」など、他誌の情報なども活用し、自大学の高い評価のランキングを大学パンフレットに載せているのだ。大学関係者によると、「受験生や保護者へのアンケートによると、大学パンフレットで、こういったページがよく読まれているからです」と話す。受験生や保護者の第三者評価への興味、関心は高いようだ。

こういったパンフレットを、受験生は無料で手に入れることができる。主な入手方法としては、高校2年生の終わりに受験関係の出版社が作成した無料の大学案内書を活用する。自宅に送られてくる場合もあれば、高校に置いてあり、それを持って帰る場合もある。昔の就活の時に送られてきた分厚い企業紹介本と同じようなものだ。案内書には必ずハガキが付いており、これで興味のある大学の資料を請求する。もちろん、ネットでも同じことができる。この資料請求で送られてくるのが大学パンフレットだ。翌年の入試日程、入試科目なども入っており、1冊あれば大学のことはほとんどわかる。新年度版のパンフレットができるまでは、受験生には前年のパンフレットや資料が送られてくる場合もある。新しいものはその後に到着する。

このパンフレットだが、受験生はいったい何校ぐらい手に入れているのだろうか。

大学通信は２０１２年2月に受験生対象にアンケートを行なった。１０３２人から回答があったが、その中で入手したパンフレットの平均校数を聞いたところ11・1校だった。高校生になると大学受験の意識が高まるため3年間で請求した数だが、それほど多くない。今の受験生は無料だからといってやみくもに請求しはしない。エコの意識が高いからだ。

さらに、受験生は大学のホームページでも新しい情報を入手している。少々ホームページの出来が悪くても、憧《あこが》れの大学だから辛抱強く見ているようだ。また、パンフレットをホームページにアップした、デジタルパンフレットも増えている。

願書を書いているのは、ほとんどが母親

さらに、受験生への調査で、この資料請求校の中から、9割近くの大学を受験していることがわかった。つまり、受験生はパンフレットを請求した11・1校の中から最終的に受験する大学を選んでいることになる。それ以外の大学は、ほとんど受けないのだ。逆に言うと、大学にとってはこの11・1校に選ばれないことには、受験しても

らえないということだ。これはかなり厳しい。受験生とのファーストコンタクトであるパンフレットの印象が良ければ、必ず受験してもらえるとも言えよう。

パンフレットや大学案内にほとんどの大学情報は載っているが、大学の決算情報は逆にほとんど載っていない。ホームページや大学内で配布されている学内報などには載せているところもあるが、パンフレットには載っていない。今後、大学淘汰《とうた》がもっと進めば、公開するところも増えてくるかもしれない。

大学はパンフレットを請求した受験生に、積極的に情報を提供する。○月○日にオープンキャンパスを開催とか、地方の受験生には住んでいる都市で相談会を開催とか、入試がこう変わりましたとか、出願受付が始まりましたなどの入試情報も送付する。クリスマスカードや年賀状を受験生に送る大学も多い。出願期間中に「もう出願はお済みですか」のDMを出した大学もあった。大学は情報を提供して好印象を持ってもらい、受験してもらいたいとの考えだ。

今では大学パンフレットだけでなく、願書もほとんど無料になってきている。3万5千円払って受験してくれるのなら、千円ほどの願書代は無料でもいいとの考えがあるのだろう。

今でも受験するには、願書がないと無理だ。さらに調査書、写真、受験料なども必要になってくる。もう1校受験しようと思った時に、手元に願書があるほうが出願しやすい。その考えのもと、昔は地元の受験生全員に願書を無料送付する大学があった。今は個人情報保護の問題から受験生全員の住所、氏名を手に入れることは不可能だが、そんなことが実施されていた時代があったのだ。手元に願書があったら、「あと1校受けよう」という時に有利に働く、との考えだ。でも、そんなことをしても志願者は増えなかった。

こういった無料の願書送付を行なう大学が増え、全国に願書無料化が広がっていったと見られる。今や資料請求した受験生に、願書をサービスで送ることは当たり前になってきている。毎年、多くの志願者がある高校には、大学が願書を大量に送付する場合もあるようだ。

私立大の願書は昔は書店で売られていた。今は無料のため、ほとんど書店にはない。ただ、早稲田大、慶應義塾大などの一部の大手大学の願書は、いまだに有料で書店で販売されている。受験生が書店にある願書を無料だと思って持ち去ろうとし、危《あや》うく万引きで補導されそうになったという笑えない話もあるほどだ。国公立大は昔と変わらず書店販売はほとんどなく、郵送で申し込むのが普通だ。志願者が多い高校には、国公立大でも願書を送付しているところがあるようだ。

願書が無料になったのも驚きだが、それだけではない。今は願書を実際に記入しているのは大半が母親なのだ。だから、願書記入の不明点は母親が大学に電話して聞いてくる。ある有名大学の願書には、「願書の書き方の問い合わせは、必ず受験生本人がしてくること」と注釈があるほどだ。中堅クラスの大学の入試担当者は「生徒が電話で願書の書き方を問い合わせしてきて、しっかり受け答えできたら、それだけで合格にしてもいいぐらい」だと言う。真顔で「母親対象の願書の書き方講座があればいいのに」という大学の職員もいるほどだ。それだけ母親が願書を書き、大学に問い合わせをしているケースが多い。

2014年入試は、ネット出願元年

最近はネット出願が増えている。来年からすべてネット出願にする大手大学も出てきた。東洋大、武蔵野大、中京大、近畿大だ。今後、追随する大学も増えると見られている。たいていネット出願にすると受験料を割り引いてくれる大学が多い。大学にとっては願書などの印刷費や制作費などを削減できることに加え、願書の記入ミスを防げるメリットもある。現状は願書に記載された内容チェックは、人海戦術で行なわれている。それにも経費がかかるわけで、ネット出願はその点でも間違いがない。

大学パンフレットを手に入れたら、次に受験生はオープンキャンパスに出かける。オープンキャンパスとは、大学が受験生や保護者にキャンパスに直接、足を運んでもらい、大学の説明や施設・設備の見学などを行なう催《もよお》しだ。大学全体のものと学部別、あるいはキャンパス別に開催されるものがある。

このような催しは以前から行なわれていた。1980年代にはオープンキャンパスという名前ではなく、「進学相談会」や「進学ガイダンス」「進学説明会」「入試説明会」などという名称だった。さらに、催しの中身も今とは違っていた。大学のビデオ上映、本物の入試問題の展示、施設見学、個別相談などが主体だった。

この相談会が１９９０年代に入ってから、内容も充実したオープンキャンパスに変わっていく。情報収集というよりは、キャンパスを実感する１日体験入学のように変わったのである。総合大学でもっとも早く、おそらく日本で初めて、オープンキャンパスという名称で開催したのは東海大だと言われている。１９８９年６月に開催した。同大関係者によると「文字通りキャンパスをオープンにしようというのが始まりで、最初の参加者は50人もいませんでしたが、10月まで毎月開催しているうちに参加者が増え、それまでの進学相談会はどこの大学でも入試中心、職員中心でしたが、教員に参加してもらい、翌90年のオープンキャンパスで模擬授業を始めました。在学生にも加わってもらい、受験生が気軽にいろいろ相談できるようにしました」ということだ。

模擬授業とは、当日参加した受験生を対象に、大学の教員が高校生向けにわかりやすく授業をするというものだ。これによって大学の授業がどのようなものかが体験できる。法廷教室を利用した裁判の再現授業、実験を行なう授業など、工夫を凝らしたものも多い。今ではオープンキャンパスでの人気イベントのひとつだ。

ただ、当初は教員が協力的ではなかったという。それもそのはずで、92年が受験生数のピークだから、それまで志願者は毎年、増え続けていた。志願者が集まっているのに、教員が学生募集に時間を割くことに抵抗があったということだろう。それを東海大は他大学に先駆けて実施した。その後も受験生のアンケート結果から内容を充実させていく。今では当たり前になっている学生スタッフ中心の運営スタイルに変わった。94年3月には新高3、2年生対象のオープンキャンパスも開催されている。

こうした取り組みが他大学に広がっていくのに、そんなに時間はかからなかった。95年には各大学で盛んにオープンキャンパスが開催されるようになる。文部科学省の調査によると、現在では全大学の91・1％（2009年）で開催されている。

親子参加が普通になった、オープンキャンパス

昔は相談会で、総合大学のブースにいる大学のスタッフに「どこの学部が一番入りやすいか、教えてください」などと聞く受験生がいたものだ。そうしたら「大学で何

を学びたいのかよく研究してから、もう一度来なさい」と言って追い返すケースもあった。しかし、少子化の今は「皆、いろいろな大学のブースに座って質問しています が、私は何を聞けばいいのでしょうか」と質問してくる受験生がいるという。昔より レベルが下がった質問だ。けれども今は追い返すようなことはせず、「皆はこんなこ とを聞いているよ」と説明してあげるという。以前は学生募集担当の職員は営業マン と言われていたが、今は教育者に変わってきている。昔に比べて大学は親切になった。

相談会の質問で多いのは「どんな勉強ができるのか」「授業内容はどんなものか」「資格は何が取れるのか」「卒業後の進路について」などなど。近年は「資格や就職など、進路にかかわる質問が増えている」と、大学関係者は言う。「上場企業に卒業生の何%が就職していますか」などと、大学にとってドキッとするような質問をいきなりしてくる保護者もいるという。大学と受験生の立場に、少子化によって微妙な変化が生じているのだ。

オープンキャンパスは夏休みに開催されることが多いが、学期途中の土日や休日に行なわれることもある。東京の総合大学では夏休みに6回開催して、およそ2万6千人が参加するところもあるほどの人気ぶりだ。

一方、大手の人気大学の中には、オープンキャンパスの告知を控えるところも出てきている。来場者が多すぎて事故が起きては元も子もないし、参加者が多すぎて受験生や保護者に目が行き届かず、悪いイメージを持たれても困るとの考えだ。そうはいっても「百聞は一見に如《し》かず」ということから、オープンキャンパスの人気は高い。国公立大でも実施されているが、回数は少ない上に予約制のところが多く、私立大のように自由に参加できるところは少ない。

オープンキャンパスで行なわれているイベントのメニューは多くの場合、大学全体の説明会や講演会、図書館などの施設・設備を見学するキャンパスツアー、模擬講義、翌年の入試の説明、入試対策講座、国際交流や留学の説明、在校生や教職員への質問コーナー、無料の学食体験などだ。

近畿大では養殖しているクロマグロの試食会を行なっていて、各大学ともそれぞれに工夫したイベントを開催している。これ以外にも、パンフレットや過去問、願書などの資料をもらえ、大学グッズなどのお土産《みやげ》がもらえることもある。

最近では保護者と一緒に参加する受験生も珍しくなくなってきた。親だけで参加するケースもあり、大手大学では保護者の団体が、バスでオープンキャンパスを見学に来ることもあるという。また、修学旅行で東京や京都などに来る場合は、いろいろな大学の見学を組み込んでいる高校も多い。その中にオープンキャンパス参加もある。生徒の大学受験へのモチベーションアップにつなげようというわけだ。

大学によっては保護者、受験生、高校2年生以下に分けて説明するところもある。ただ、大学関係者によると、「最近は親子で一緒に回りたがる場合が多く、メニューを分けても参加しない傾向」にあるという。

保護者向けのメニューでは、自分たちの時とは異なる今の入試制度の解説、大学選びに欠かせない就職状況、学費、奨学金制度の説明などが中心になる。さらに、不況の影響もあって、ファイナンシャルプランナーによる教育資金捻出のための進学マネープラン説明会を開くところもあり、好評だという。

保護者が参加するようになって、大学を見る目も変わってきている。息子と来ていた母親が、受付でオープンキャンパスを手伝う女子学生が書類を渡そうとうつむいた時に、Ｔシャツの胸元がたるみ、胸と下着が見えた。母親は怒って「なんとだらしない大学」と非難し、「うちの息子を誘惑するつもりか」とでもいうような剣幕で抗議された大学もあるという。翌年からその大学では、学生スタッフにお揃いの胸の開かないＴシャツを着せることにしたという。

フレンチレストランもある大学の学食

さらに、学食体験でも不満が出るという。「こんなまずいものを4年間、子どもに食べさせるのか」とか、大手大学になると参加者が多いため、オープンキャンパスでも昼時は混んで長蛇の列になり、「誘導する人が誰もいない、どこに並べばいいのか」などと怒る母親もいるそうだ。街中のレストランではないのだから、それも致し方ないこととも思えるが、子どものことを思っての抗議に大学も耳を傾け、改善している。

この学食の味については、昔から安くて量は多いが、それほどおいしくないことも多かった。当時の学生は「そんなもんだ」と思っていた。それが今は通用しない。学生はまじめで授業の出席率も以前と比べて比較にならないほど高く、大学での滞在時間が長い。「キャンパスにいるより、近所の雀荘にいた時間のほうが長かった」などと話す学生は今やほとんどいない。「麻雀は知っているし、やったこともあるけど、人とやったことはない」という学生が大半だろう。大学周辺で雀荘を探すのも大変なぐらいだ。

それだけキャンパスの滞在時間が長いのだから、学食も頻繁に利用している。昼時など超満員だ。だから味が問われる。この学食の現状を改善しようと考えた職員が、学長や学部長など大学の執行部に、まず現状把握から始めようと学食を食べてみることを提案した。そうしたら学長が「嫌だよ。おいしくないから」と言い、食べてもくれなかったという話があるほどだ。

学食の味も昔に比べれば、格段に向上している。さらに、キャンパスの学食あるいは憩いの場として、チェーン店を展開する有名な牛丼店、ハンバーガー店、コーヒー店などが入っている大学もある。東京大や京都大にはフレンチレストランがキャンパスにある時代だ。

有名なホテルが経営するレストランが入っている私立大もあるが、そこは近所の主婦の予約でいっぱいで、教員がお客さんと利用しようとしても満員で断わられたという。本末転倒の話だが、「これも大学の地域貢献のひとつか」と諦めるしかなかったという。学生は高くて手が出ないだろうが、キャンパスの食環境は昔に比べるとはるかに改善されていることは間違いない。

もちろん、チェーン店のコンビニエンスストアが入っている大学もある。ほとんど街中と変わらないキャンパスが、今の学生には人気だ。

親、祖父母など一家でオープンキャンパスに参加する場合もある。親だけでなく祖母が出た大学だからとか、さまざまな理由があろうが、こうなってきた大きな理由は、受験生に「学費を出してもらう親や祖父母に、自分の行きたい大学を見てもらおう」との考えがあるからだ。親孝行でまっとうな考えの受験生が増えている。大学進学はたしかに高い買い物で、たとえば車を買う時に、性能を聞かず説明を聞かず、試乗もしないで買うことはないのと同じで、子どもは親に進学先を見てほしいと考えている。

最近では大卒の親も増え、懐かしい大学生活をもう一度、味わいたいとの気持ちもあるようだ。お父さんにとっては、学生時代に入れなかった女子大に、娘と一緒に行ってみたいとの気持ちもあろう。

このようにオープンキャンパスには受験生だけでなく、家族など大人も参加している。それだけに、来場者にいい印象を与えておくと、入学してくれる割合が高まるので各大学とも力が入る。

多くの大学が集まって開催されている大きな会場での入試相談会は、いわば「アウェー」の戦いだ。人気の有名大学が参加していれば、受験生や保護者はどうしてもそちらに興味が湧《わ》き、長蛇の列となる。

それほど有名ではない大学は、質問に来る人も少なく暇になってしまうのだが、オープンキャンパスは、はっきりと入学してもいいと考えている人たちが参加するわけだから、これこそは絶対勝たなければいけない「ホーム」の戦いなのだ。だからこそ力が入る。ここで失望させようものなら、もはや受験もしてくれない。さらに、噂が広がり評判を落とすことだって考えられる。駅に看板を持ってスタッフが立ち、受験生や保護者を誘導するような光景は、今や当たり前なのかもしれない。

東京大も実施する大学合同相談会

開催時期によってオープンキャンパスの内容を変えている大学も多い。翌年受験する人のための3月のオープンキャンパスでは、「何を学ぶか」がメーンテーマになる。入試システムの説明など、オープンキャンパスを開催している大学のことだけではなく、これからの受験に必要な知識を得られることが多くなっている。

夏休みに開催されるオープンキャンパスでは、AO入試の第1回目の面接に指定されていることもある。そして秋からのオープンキャンパスでは、入試対策講座や予備校などが作成した模試を受験できるところもある。秋になって入試が近づいている中で1日をつぶして参加してくれるのだから、模試などの勉強のお土産が必要ということもあるのだろう。

オープンキャンパスは今では受験勉強の妨《さまた》げとならないように、高校2年生で参加することを勧める高校も多い。なかには夏休みに３大学を見てくることを義務づけている高校もある。

　ある大学の夏休みのオープンキャンパスで、来場者が急増したことがあった。オープンキャンパスの来場者数で、翌年の入試の志願者数を予測している大学は多い。オープンキャンパス来場者が増えたら、翌年の志願者が増えると考えられるからだ。増えれば喜ぶのは当たり前のことだ。大学側は人気が上がって、翌年の志願者は増えるものと思っていたが、ふたを開けてみると前年と変わらず、ぬか喜びに終わったという。調べてみると、高校の教員に３校見てくるように言われた生徒が、２校は自分の志望する大学に行った。しかし、３校目は面倒くさくなり、交通の便が良く家の近所にある大学のオープンキャンパスに参加したためだった。同じことを考える生徒は多く、来場者が増えたことがわかったという。

　会場に多くの大学が集まって開催される形式の相談会は、今でも行なわれている。多くの大学が一堂に会しているので、各大学に足を運ぶ必要がなく、１カ所で情報を入手でき、個別相談もできるため重宝されている。入場料は無料で経費は大学が負担するため、参加しているのは私立大が多い。受験生が多かった時代には、東京ドームで開催されたこともあった。

いろいろな会社が開催することで回数も多くなり、国公立大も参加するようになってきている。大学だけでなく、学部別など的《まと》を絞った相談会も増えている。薬、医、理工系、看護、女子大などさまざまだ。いろいろな地方でも開催され、高校の進路指導教諭対象の説明会もある。さらに、高校に大学を呼んで実施している場合もある。

ただ、この種の相談会では、人気大学のブースは、長蛇の列になるのが普通だ。列ができるとさらに受験生は集まり、ますます並ぶ人が多くなる。人気大学ではこの列をどうさばくかも大切になってくる。母親と男子受験生の組は、１組当たりの所要時間が長くなる傾向にあるという。理由は母親ばかりが質問するからだ。大学担当者がそばに座って黙って聞いている受験生に「君は何か聞きたいことはないの」などと話を振っても、「この子はいいんです、私が聞きます」と即座に母親が割り込み、結局、ずっと質問し続けるそうだ。大学の担当者は、いったい誰が受験するんだろうと思ってしまうという。

最近では、大学自らが企画して開催する説明会も増えている。東京大主催で2005年から旧7帝大や一橋大、東京工業大などと一緒に合同相談会が開催されている。13年は札幌、仙台、東京、名古屋、大阪、広島、福岡で開催する。

開催するきっかけは、東京大の志願者が首都圏に集中しているので、地方の受験生にもっと受験してもらうためだった。難関ということもあって、敷居が高いと感じる受験生も多く、地方に出かけて行って大学自ら説明会を開催することで、もっと東京大を身近に感じてもらうのが狙いだ。開催当初はその狙いが当たり、地方からの志願者が増えた。

地方からの志願者が減り、危機感募《つの》らせる東京大

ところが、08年のリーマンショックによる不景気から、子どもを東京には出せない状況になり、13年入試でも東京大は首都圏からの合格者が増えた。関東地方からの合格者は全体の合格者の56・4％を占め、しかも東京からの合格者は35・8％にもなった。この10年でもっとも関東と東京からの合格者が多くなった。早慶では関東からの

合格者が7割を超えているので、それよりは少ないのだが、東京大の関東ローカル化が進んでいる。

そのこともあるのだろう、2016年入学者から東京大が初めて推薦入試を実施する予定だ。13年に高校に入学した生徒が、受験する時に新しく始まることになる。後期の100人の定員を推薦入試で募集し、出願は11月以降で、提出書類と面接、センター試験の成績で合否が決まる。物理学、数学、歴史学など、さまざまな分野に突出した受験生を合格させたいという。

推薦入試は今の東京大の入試を突破するより、はるかに負担が軽い。出願条件である評定平均値が設定されると見られるが、それでも入りやすい方式になる。

この推薦入試の実施の狙いは地方の優秀な受験生、さらには女子の獲得を目指してのことだろう。東京大は女子の割合を2020年に3割に上げたいと考えているが、ここ5年、2割を超えたことすらない。13年も18・7%にとどまった。難関私立大などが女子の比率をアップさせ、レベルを維持しているのとは対照的だ。東京大の理工系に進学を考えるリケジョは、国公立大の医学部を目指すことが多い。東京大の入学定員は理系のほうが多いのだから、女子が理系で増えないことには割合は上がっていかない。そこで、志願しやすい推薦入試が浮上してきたのかもしれない。

現在、東京大の入試では前期と後期の2回の一般入試を実施している。しかし、受験生の併願作戦から考えると、前期に東京大を受けると後期は地元大学など、難易度を下げた併願になるのが普通だ。前期を落ちた時だけ後期を受けるのだから、後期は入りやすい大学を狙うのは当たり前のことだ。なかには前期に別の大学を受験して不合格になり、後期で東京大をわざわざ狙う人もいるだろうが、それは極端に少ないと見られる。

そうなると、東京大の後期を受ける人は、前期、後期とも東京大という受験生が圧倒的に多いことになる。しかも後期を受けるのは、前期に不合格になった受験生ばかりだから、前期で100人合格者を増やせば、後期を実施しなくても入学者のレベルは、ほとんど変わらないことになる。つまり、後期を実施しなくても実質は同じということになる。

本音のところでは後期を廃止したいところだが、国立大の入試では受験生にチャンスを2回与えるのが決まりだ。後期を廃止するのであれば、別の入試を設けなければならない。それが今回の推薦入試ということなのだろう。前期しか入試を実施していない京都大も東京大と同じく16年入学者から、定員１００人のＡＯ入試を実施する予定だ。

東京大が推薦入試の出願条件の評定平均値を、仮に４・５以上などと相当高くした場合、該当する生徒はどこの高校でも、学年一の優秀な生徒になると見られる。それだけの成績を取っているのは、東京大に合格者が多い開成、筑波大附属駒場、灘などでは、すでに一般入試で東京大に合格できる実力があると見られる。そういう生徒が、わざわざ推薦入試を利用して東京大に進学しようとは思わないのではないか。

そうなると、やはり地方の公立高のトップ層が、志願することになりそうだ。最終的にはセンター試験の成績で合否が決まってくると思われる。ただ、面接を時間をかけて行なうようだが、地方の進学校の進路指導教諭は「入試直前の12月や１月に何日も東京に滞在して面接を受け、それで不合格になったことを考えると勧められない」という。具体的に入試日程と科目が決まらないとわからないが、はたして地方の受験生が出願するのかも疑問だ。推薦入試に不合格になれば、一般入試を受けなければならない。入試直前の拘束はマイナスになりかねない。別の進学校の教員は「一芸に秀《ひい》でた生徒が目指すのではないか」と言う。結局、一般入試で東京大に進学できないか、危《あや》うい生徒が受けるようになるのかもしれない。今後、注目されるのは、東京大が推薦入試での入学者をどう教育していくかだろう。

また、大学主催の合同説明会は国公立大同士などでも行なわれている。国公立大では富山大、金沢大、石川県立大、福井大の北陸4国公立大が京都で説明会を開催、京都大と立命館大が東京、金沢、仙台で合同で受験生と保護者対象のフォーラムなども開催しており、こういった相談会は今後ますます増えそうだ。

第5章　大学入学後～就職までも大きく変わった

学生支援は、友達作りにまで及ぶ

オープンキャンパス、出願、入試など、保護者とりわけ母親の子どもへのかかわりが深まっているが、このことは大学入学後も続いていく。今や、親が入学式に参加するのは当たり前になっている。なかにはその後に待っているガイダンスや科目登録まで、何の疑問を持たずにこのことついてくる親もいるという。大学の中には「科目登録には親は参加できない」と、はっきりとわざわざ入学式の時に説明しているところもあるほどだ。

また、大学も学生に対して、従来まで以上に気配りしている。全国大学生活協同組合連合会の調査によると、学生が「大学生活の重点」をどこに置いているかを見ると、1990年のトップは「豊かな人間関係」が24・2%、次いで「勉強」が20・3%、以下「ほどほど」「サークル」「趣味」と続いた。何事にも適度にの「ほどほど」が3番目だ。それが2012年ではトップは「勉強」が27・1%、次いで「ほどほど」が21・6%、以下「サークル」「豊かな人間関係」「趣味」の順となっていく。今の学生は大学生活での豊かな人間関係の構築を、あまり望んでいないようなのだ。だから、大学は学生の友人作りまでサポートするということになる。

大学は学生生活や大学での授業について教えるガイダンスとして、１泊２日のセミナーなどを開催し、これに参加することによる友人作りを奨励している。その他、友人がいない同士が友達になれるよう、大学主催の友達作りのイベントも開催している。地方から出てきて慣れない一人暮らしを始め、友人もなく下宿と授業の往復だけという学生が、大学生活になじめなくなることがあり、そのためにイベントを開催して友達作りを手伝うのだという。

イベントに参加してもうまく友達を作れない人には職員が声をかけ、知り合いになるという。大学関係者は「家と授業の往復だけではなく、もう１カ所立ち寄れるところができると大学生活は大丈夫なので、職員のところに気軽にやって来られるようにしています」と言う。クラス担任の教員がいる大学も少なくない。

ある大学では、新入生がクラスでハイキングに出かけることにした。その時に学生リーダーがクラスメイトに連絡することになっていたのだが、時間になっても待ち合わせ場所に誰も来ない。クラス担当の職員がリーダーに「全員に連絡したのか」と聞くと、「連絡しましたよ」と憮然《ぶぜん》として言うのだが、よくよく聞いてみると、連絡はしたのだがメールを送りっ放しで、出欠は取っていなかったことがわかった。学生は「それでも来ますよ」と自信満々に言うのだが誰も来ず、職員と二人で手分けして全員に電話すると、「忘れていました、今日でしたっけ」「今、ご飯を食べていますから、すぐ行きます」など言い訳が続き、結局、1時間後に全員が集まったという。大学職員は「今の学生は連絡の取り方もわかっていない」と嘆《なげ》く。

また、学生が規則正しい生活を送れるように配慮している大学もある。大学生になると高校の時と異なり、朝必ず同じ時間に登校する必要はない。そのため、午後からの授業ばかりを取っていると、昼に起きても授業に十分間《ま》に合うことになり、規則正しい生活とは程遠い状態になる。そのため、1限目の授業に必修科目を置き、確実に朝起きて出席するように配慮している大学がある。

また、4月から5月末まで全学生、全教職員対象に学食での朝食を無料にしている大学もある。朝ご飯を食べる習慣の徹底を全学挙げて取り組み、規則正しい生活を送ってもらおうという考えだ。

そこまでするのかと思うかもしれないが、こういった配慮が大学の面倒見の良さとして高校の教員や親から高く評価されている。自堕落な生活は大学生の醍醐味《だいごみ》ではあるが、今は子どものそういった生活を保護者が望まない。子どもの健康管理は、大学だけでなく保護者の願いでもあるのだ。

そのため、最近の下宿事情では、賄《まかな》い付きを希望する保護者が増えているという。子どもが好きなものばかりを食べ、偏《かたよ》った食生活を送らないかを心配してのことで、昔の食事付きの下宿がふたたび脚光を浴びているというわけだ。

だから、大学の寮が人気だ。経済的に安く抑《おさ》えられることも大きいが、食事が付いていて栄養のバランスが取れた食生活になるということも、寮を選択する大きな理由だ。

最近は、大手大学でも学生寮を新設し始めている。ただ、大学側の寮新設の狙いには別の意図もある。大手大学ではキャンパスのグローバル化を目指し、留学生を受け入れたいのだが、それには学生寮がなければ留学生は来てくれない。だから、寮を新設している。さらに、学生寮で留学生と日本人学生を一緒に住まわせ、日本人学生が生活の中で国際性を身につけられるよう配慮する試みも増えている。日常生活で外国人と接することにより、日本にいながらにしてグローバル化を体感してもらいたいとの考えだ。

学生寮と言えば、古い世代にはどうしても学生運動の巣窟《そうくつ》のようなイメージがある。そのため、大手大学は新設に消極的だったが、グローバル化の波には勝てなかったようだ。昔は学生寮というと、男子寮は汚くて臭《くさ》いイメージがあったが、今は学生の清潔好きもあってきれいなものだ。

何人かで部屋をシェアする寮もあり、その中に外国人学生がいる。シェアといっても、1部屋に何人かが住むのではなく、それぞれ個室があってリビングやキッチンは共同といった今、流行のシェアハウスタイプのものだ。それだけではなく、温泉があったり、ジムも付いていたり、新設されるたびに便利でスマートな学生寮になっていく。大学の寮も昔と比べると大きく変わってきているということだ。

変わったのは学生の食住環境だけではない。大学の学びも昔と変わってきている。以前は1、2年次は教養教育、3、4年次は専門教育に分かれていたが、今では自由にカリキュラムを組むことができるようになった。極端に言うと1年次から専門教育を始めてもいいし、4年次に教養教育を行なってもいい。教養教育と専門教育をはっきり分けなくてよくなったと言えよう。そのため、教養教育を専門に行なってきた教養部を解体する大学が多くなった。教養教育を教える教員を各学部配属にしたり、その教員で新学部を作る大学もあった。いまだに昔のままではっきり教養と専門が分かれているのは、進振りが残っている東京大ぐらいだ。

そういった中で、昔になかった授業としては初年次教育がある。この授業は文部科学省によると、8割の大学で実施されている。高校までの学びと異なる、大学教育にスムーズに入っていけるよう工夫された授業だ。レポートや論文の書き方指導、プレゼンテーションやディスカッションのやり方、図書館の利用方法や文献検索の方法、情報収集や資料整理の方法などを、そこでは教えている。それだけでなく、学習へのモチベーションアップやキャリア教育も行なわれているのが一般的だ。

なかには新入生にグループでカヌーを造らせ、自分たちの造ったカヌーを川で競《きそ》わせる授業を行なっている大学もある。くるくる回るだけのものや、沈没してしまうカヌーもあり、なぜそうなったのかを考えさせ、それをクリアーにしていくには数学や物理が必要だとわからせ、そこから座学の必要性を説く授業を行なっている大学もある。そして、専攻分野に必要な知識だけを授《さず》けていくというわけだ。

習熟度別クラス編成も珍しくない

入学時に英語のプレスメントテストを実施する大学も多い。この試験の成績によって、英語の習熟度別クラス編成を行なうのだ。成績のいい学生には単位を認め、授業を受けなくてもいいとする大学もある。

大学で習熟度別クラスと聞くと驚くかもしれないが、いろいろな入試方式で入学してきている学生がいる以上、効率よく学生に力をつけさせるためには必要なことだろう。特に英語で差が付きやすいという傾向がある。

それだけではない。入りやすい大学の教員が実情をこう話す。「一般教養の授業で、一番前の席で聞いている学生二人が、毎回授業に出席しているのですが、途中から必ず寝るんです。見かねて研究室に呼んで理由を聞いたら、『話していることが理解できない』と言うんです。そんなに難しいことを話しているわけじゃないし、変だなと思ってさらに聞くと、『中学時代にスポーツをやっていて、そこそこうまかったので、先生が授業中は寝てていいから、部活動を頑張りなさいと言ってくれて、ほとんど勉強せずにスポーツで高校に進学しました。高校でも同じ状態でしたがトップ選手にはなれなかったため、スポーツ推薦でここに入学しました。勉強したいので授業に出席していますが、授業がさっぱりわからずいつの間《ま》にか寝ています』と話すんです。一般教養も習熟度別にしたほうがいいかもしれないと思います。今は研究室にこの二人を呼んで、高校の教科書をもとに補習しています」

こういった状況は何も全入の大学の話だけではない。難関大の教員も「上位層のレベルは昔と変わりませんが、下がどんどん下がっています」と言う。定員を充足している大学でも「入学者のレベルは年々落ちています。ゆとり教育の弊害だと感じています」とも言っている。また、別の難関大の教員は「昔は成績の悪い学生は授業に出ていないと決まっていましたが、今はまじめに授業に出ているのに成績が悪い学生がいます」と首をかしげている。学生は学ぶことより、単位を落とさないために、授業に出席することが目的になってきているのかもしれない。

前後期のセメスター制も普及してきた。これはゼミなど通年で行なわれる授業を除き、半期で授業が完結し単位認定する制度のことだ。2単位だが、単位を落としても1年待たずに次のセメスターで取り返せる。さらに進んで早稲田大ではクオーター制を一部導入し始めている。1年を4期に分けるのだ。こういった制度を作ることで海外留学、留学生の受け入れが時間の無駄なく行なえるわけだ。東京大もクオーター制を採用する、と発表した。

昔は授業も休講が多く、そうなると学生は喜んだものだが、今は厳格に年30コマ、1セメスター15コマの授業が行なわれている。休講になれば必ずその代わりとなる補講があり、8月初めまで試験などで授業が長引くことも珍しくないし、日曜や休日に補講が行なわれることだってある。

授業内容も改善されている。昔のように難解な講義で「わからなければ自分で勉強しなさい」などという、上から目線の授業はもはやほとんどない。教員の考え方が変わり、学生にしっかり教えることが重視され、その教え方も研修されているほどだ。

また、学生による教員の授業評価が８割の大学で行なわれ、チェックされていることもあり、わかりやすい授業をしなければならないわけだ。

最近では、フィールドワークを駆使した授業が増えている。たとえば地元商店街の活性化の活動に学生が参加し、地域の社会人と一緒になってアイデアを出し、イベントを開催するような授業がある。大学パンフレットを学生に考えさせて制作する授業もある。企業と一緒に商品開発を行なっている大学も増えている。企業主催のコンテストがあり、多くの大学とグループで考えた新作商品を作り、それで競いあうことも行なわれている。この場合、学生のアイデアを基に商品化されたものもあるほどレベルが高いことがあるようだ。

この他にも企業から「なぜ、今の若者は車に乗らなくなったのか」というテーマを与えられ、それをいろいろな角度から学生がグループで調査し、企業の担当者に調査結果を発表するような授業も行なわれている。チームでひとつの目標に向かい、学生だけでなく社会人と議論していく中でコミュニケーション能力を培《つちか》っていくわけだ。結果を発表することで、プレゼンテーション能力も身についていく。企業と結びついての授業が増えており、これは今までにはなかったことだ。有名大学では企業の寄付講座もあり、研究部門だけでなく、授業の面でも大学との結びつきが年々深まっている。

インターンシップも盛んになってきている。これは企業や役所で学生が研修する制度のことだ。学生は大学でインターンシップの授業を受けた後、企業で研修を受ける。いきなり研修先で働くということになる。戦力にはあまりならないが、学生にとっては企業で求められる能力がはっきりわかり、今後の学習の方向性が固まる。就職とは関係ないのだが、企業にとっては優秀な学生なら、そのまま受け入れることも可能だ。

最近では学部間の垣根《かきね》も低くなり、他学部の授業を選択できるようになってきている。さらに、他大学の授業を受けても、在学する大学の単位として認められる単位互換制度も設けられている。大学コンソーシアム京都、大学コンソーシアム大阪など、地元の国立大をはじめ、多くの大学が参加しているケースが知られている。東京でも「f－Campus」という単位互換制度があり、これは学習院大、学習院女子大、日本女子大、立教大、早稲田大の5大学で運営されている単位互換制度だ。この制度によって、女子大で男子学生が授業を受けていても不思議はなくなった。

なぜ、このようなことが行なわれるかというと、1大学が用意できる科目には限界があるからだ。学生の要望があったからといって、科目を新設し教員を雇用するには経費がかかるため、そう簡単には新設できない。そこで、各大学の持っている授業を、相互活用しようということになる。それだけではなく、図書館の地域への開放、大学間の相互利用なども行なわれている。

1年が終わると、成績をつける作業が待っているということになるが、採点は厳格化の方向に進んでいる。厳しく成績をつけることを文部科学省は勧めている。俗に言う楽勝科目は減少傾向にあるのだ。また、この成績は保護者にも送られる。

そうすると、大学に親から相談が寄せられる。大学関係者は「母親からすごい剣幕で『英語の単位を落としているのは何かの間違いだ。採点がおかしい。うちの子はまじめに大学に行っています』と言われるのですが、ほとんど授業に来ていない。学生はわかっているはずで、『お子さんと話してみてください』と言っても聞いてくれないことがあります」と言う。かと思えば、「母親から『子どもが英語の単位を落としたのですが、英会話学校に通わせたほうがいいでしょうか』との相談も来ます。単位を取ることがすごく大変だと思っているのでしょう。だから、『入試を突破しているのですから、まじめに勉強していれば単位は取れるはずですよ、お子さんと話してみてください』と言うこともあります」と呆《あき》れ顔で話していた。

大学選びに大きく影響する就職率とは

保護者への説明責任は、各大学も十分に理解している。そのため、保護者会を実施している。大手の大学になると、全国で開催することになる。学長や副学長が話をし、大学の方向性だけでなく、保護者の関心の高い就職への取り組みや学生の近況などを報告する。この会合への保護者の参加率は高いという。大学で保護者会とは驚くかもしれない。昔では考えられなかったことだ。しかし、今では当たり前のことになってきているのだ。これも親切で丁寧だと、保護者の受けはいい。

このように面倒を見てきても、最近は中退する学生が少なくない。第1章でも書いたが、２０１２年に大学への入学を希望しながら入学できなかった人は５・６万人だ。ところが、２０１３年のセンター試験を受けた浪人生は10・7万人を超えている。５・６万人が全員浪人したとしても、それを上回る倍近い浪人生がセンター試験を受けているのだ。仮面浪人は減り、合格浪人が増えている中で、どう考えてもこの浪人生は、大学中退者や大学在学生が再度、大学入試に挑もうとしているということになろう。

このように中退者は多いのだが、中退する理由もいろいろだ。昔のように、やりたいことがあるから大学をやめるというわけではない。ある大学が中退者に理由を聞いたところ、半分が「大学はこんなに勉強するところだと思わなかった」という答えで、残り半分は「ここにいたら自分がダメになる」という答えだったという。それに気づいただけでも立派かもしれないが、親としてはあまりにも高い授業料だ。「大学が合わない」「この大学では就職が厳しい」などの理由もあるが、いずれも大学選びの時に、もっと研究していれば回避できたことだ。

大学にとって中退されると、予定していた収入が見込めなくなるだけに、経営としては厳しいものがある。定員割れしている大学では、中退者はもっと深刻な問題だ。経営上のこともあるが、「やっぱりダメなんだ」という噂が流れることが心配なのだ。だから、ある定員割れの大学では中退希望者とは、とことん面接を実施するという。なぜ、やめたいのか理由を聞いて、「それならこうしたらどうか」「大学はこう改善する」とか、必死の引き留めをするのだという。それでも「やめたい」という学生には、最後に「自己都合で中退する」というように持っていくという。そうすることで、母校の高校に戻った時などに「あの大学は、やめたほうがいい」などと言われなくてすむからだ。

理工系の学部などでは、授業についていけずに中退する学生も少なくないという。そこで大学は相談コーナーを作り、高校の勉強から就職まで何でも聞いていいことにした。このコーナーを新設することで、中退者がかなり減ったところもある。

また、二番手の大学では、トップ進学校からの入学者が危ないという。「周りの友人はみんな難関国立大や有名私立大に進学しているのに自分はここか」と思うと、大学に来なくなり最悪の場合はやめていくという。気持ちの切り替えができず、入学時の難易度を引きずってしまうのだ。あるいは親がそこにしか合格しなかったことを、責めているのかもしれない。こういう学生には予兆があって、ある日を境に、授業に出席しなくなるという。

学生の出席率が悪いと、本人や自宅と連絡を取る大学も少なくない。授業に出席するよう説得するのだ。なかには全学生を全教職員が手分けして担任している大学もある。学生が大学に来なくなると家庭訪問までする。学長も学生を担当していて、ある学生の家を訪問したら母親が出てきて、学長が来たことでたいそう恐縮するのだが、学生はトイレに閉じこもってしまい、結局、１時間経っても出てこなかったという。中退希望者の引き留めも一筋縄ではいかない。

大学在学中、最後に待っているのが就職活動だ。ここでも大学のサポートは昔と比べものにならないほど手厚い。３年生の12月から就職活動は始まる。今では「教育力＝就職力」との見方が増えてきている。「いい教育をしていれば、当然、就職できる」との考えが広がっているのだ。２０１２年に行なった大学通信の進学校の進路指導教諭へのアンケートで「どういった改革が受験生に受け入れられていますか」との問いに、トップは「キャリア教育など就職支援」の60・6%、2位が「資格取得支援」の48・8%、3位が「今、人気の学部・学科の新設」の28・3%だった。上位2つが就職絡みだ。それだけ受験生や保護者の就職への関心は高いと言えるだろう。

キャリア教育は就職が近づいたから実施するものではなく、大学の低学年から熱心に行なわれるようになってきている。将来、自分はどんな職業に就《っ》きたいのか、自分の人生の目標は何かを早い段階から考えることは大切なことに違いない。

就職サポートに関しては、多くの大学でさかんに行なわれている。企業に最初に提出するエントリーシートの書き方、就職試験対策、模擬面接に始まり、就活の進め方、身だしなみから女子学生ならメイクのしかたまで、多岐にわたってサポートしてくれる。

それだけでなく国家試験対策、公務員や警察官などの採用試験対策講座などを設けている大学も増えている。また、各業界研究、先輩社会人のアドバイス、企業の人事担当者を招いてのガイダンスなどを開催している大学も多い。しかし、こういったサポートを活用したから、他の学生と差別化ができ、希望の企業に入社できるということにはならない。就職テクニックは最低限必要なもののレベルだと考えたほうがいい。

就職率の高い看護、薬、医療技術は入試でも人気

受験生がもっとも関心を寄せるのが就職率だ。就職率100％だと「自分も就職できる」と安心できるからだ。その就職率は大学パンフレットに必ず掲載されているが、このデータがほとんどの大学で90％以上と高率になっている。これだけ不況が続き、就職氷河期と言われているのに、どこも就職率が高いのは疑問に思うかもしれない。

しかし、これは間違いではない。なぜ、そうなるのかと言うと計算方法が独特だからだ。大学パンフレットに載っている就職率は「就職者数÷就職希望者数×100」で算出されていることが多い。

問題は分母の就職希望者数だ。就職者が少なくても、希望者も同じように少なければ、就職率は100％近くになる。就職者も希望者も大学に届け出があった人数だ。しかし、この希望者には自分ひとりで就活を行なっている人、卒業後、公務員になるため就職せずに勉強しよう、と考えている人などは、届け出ていないので含まれてい

ない。そうなると、就職希望者数が卒業生数よりかなり少ない場合が出てくる。だから、この就職率が大学全体の就職の実態を反映しているのかというと少々疑問だ。

さらに、こんなケースもあった。就職希望者としては大学に届けなかったが、就職先が決まったので大学に報告したという場合だ。そうすると、就職希望者には含まれないものの、就職者数には含まれることになる。当然、就職率がアップする。しかし同時に深刻な問題も起きる。大手総合大学だと人数が多いため、就職者数が就職希望者数をはるかに上回り、就職率が100%を超えるケースが出てきてしまうのだ。就職先はひとつだから、就職希望者が全員就職できたとしても100%のはず。それを超えることはない。

そんなことが起きてしまうので、最近、よく使われるようになってきたのが、「就職率＝就職者数÷（卒業生数－大学院進学者数）×100」での算出だ。最近は経済誌などでも大学特集がよく組まれているが、その中で就職率として使われているのがこの数字だ。ここでは当然、大学発表の就職率より低くなる。

大学通信は就職データを各大学に調査しているが、回答があった大学合計の「卒業生数－大学院進学者数」の分母で求めた就職率の推移は、２００８年が81・８％、２００９年が80・７％、２０１０年が74・４％、２０１１年が74・４％、２０１２年が76・１％だった。２００８年秋に起きたリーマンショックによる経済不況は、２００９年に卒業した大学生は内定をすでに得ていたため大きな影響はなかった。

しかし、２０１０年に６・３ポイントと、大きく就職率が下がっているのがわかる。この年から就職氷河期の到来と言われ、厳しい状況が始まった。それが２０１２年は薄日が差し、少し就職率が改善しているのがわかる。今後、アベノミクスで景気回復といっても、はっきりした見通しが立たず、採用枠の拡大にはまだ結びついていないようで、今後もどうなるかは予断を許さない。

就職に強い学部を医、歯、獣医学部を除いて12年の就職率で見ると、トップは看護で94・９％、次いで薬、医療技術と続く。医療系学部がベスト３を独占している。この医療系に続いて社会福祉、教育、家政・栄養、生命科学、理工系、農の就職率が高い。理系の学部が多いのが特徴だ。これを見ると、受験生の理高文低の学部選びも、うなずけるところだ。

表を見てほしい。これは12年の大学別就職率のランキング。〔表3〕の卒業生が「1000人以上の大学」、〔表4〕の「100人以上1000人未満の大学」とに分けてある。

1000人以上の大学のトップは福井大で95・8%、次いで九州工業大、国際医療福祉大、名古屋大、岐阜大と続いた。上位は地方の大学が多くなっている。名古屋大や岐阜大は地元トヨタ自動車の復活で、関連産業を含め業績が好調だからだろう。その他の地方の大学では、本社が東京や大阪などの大都市にある場合が多い大企業への就活では、距離的な不利は免《まぬが》れない。そのため危機感が強く、大学も積極的に就職を支援しているからだと見られる。

地方では、毎日のようにいろいろな企業の採用担当者に来てもらい、学生との相談会を開催する大学や、多くの企業を学内に呼ぶガイダンスを開催している大学も多い。これにより、学生は就活の手間が省け、企業まで足を運ぶ交通費が節約できる。また、東京や大阪などに無料の就活バスを出す金沢工業大のような大学もある。夜行バスで朝、目的地に着くと学生を降ろし、夕方、また学生を乗せて戻る。さらに、

表3　2012年 卒業生1000人以上の大学の就職率ランキング

順位	設置	大学	所在地	卒業者数	就職者数	大学院進学者数	就職率
1	国	福井大＊	福井	1,288	943	304	95.8
2	国	九州工業大＊	福岡	1,701	1,044	606	95.3
3	私	国際医療福祉大	栃木	1,189	1,110	10	94.1
4	国	名古屋大＊	愛知	3,921	2,335	1,424	93.5
5	国	岐阜大	岐阜	1,288	802	427	93.1
6	国	東京工業大＊	東京	2,831	1,454	1,252	92.1
7	私	金沢工業大＊	石川	1,686	1,390	172	91.8
8	私	愛知工業大	愛知	1,144	974	79	91.5
9	私	芝浦工業大＊	東京	2,101	1,434	506	89.9
10	国	三重大	三重	1,400	886	409	89.4

表4　2012年 卒業生100〜1000人未満の大学の就職率ランキング

順位	設置	大学	所在地	卒業者数	就職者数	大学院進学者数	就職率
1	公	三重県立看護大＊	三重	101	100	1	100.0
	私	豊田工業大＊	愛知	115	66	49	100.0
3	私	明治薬科大＊	東京	387	335	48	98.8
4	私	京都薬科大	京都	320	306	10	98.7
5	私	東北薬科大＊	宮城	280	250	26	98.4
6	公	富山県立大＊	富山	268	193	71	98.0
7	私	日本赤十字看護大＊	東京	200	189	7	97.9
8	私	兵庫医療大	兵庫	162	157	1	97.5
9	私	星薬科大	東京	242	205	31	97.2
10	私	藤田保健衛生大	愛知	411	373	27	97.1

※大学通信調べ
就職率は、就職者数÷(卒業〔修了〕者数－大学院進学者数)×100で算出。
大学名の「＊」は大学院修了者を含む。

就活での東京までの旅費の援助を行なう福岡工業大のような大学もある。いずれも学生の便宜を図《はか》ってのことだ。また、東京事務所を開設している大学も多い。ここで就活に必要な情報を入手できるというわけだ。

今までは就活というと個人で企業を回るイメージが強かったが、今は大学のキャリアセンターを活用して就活を乗り切る団体戦に移行している。大学受験と同じだ。キャリアセンターは昔でいう就職課だ。就活がうまくいかないと悩むより、キャリアセンターのスタッフに相談したほうが、失敗の原因発見が早くなる。自分で長所や短所を見つけられない場合でも、相談することで発見してくれることもある。また、大学の中には秋になっても就職が決まっていない学生を呼び出し、就活がうまくいかない理由を説明して自信をつけさせ、再度就活に挑ませる大学もある。

〔表〕では国公立大も目立つ。国公立大の学生は、入試の時にセンター試験5教科6科目が課され、幅広く学んできているため就職試験に強いことも理由のようだ。私立大第一志望の受験生でも、文系なら数学、理系なら国語をしっかり学んでおくことが、先になって役立つことになる。また、国立大の設置学部は、就職率の比較的高い工、医、教育系が多いことも影響している。

さらに、〔表〕を見ていくと工業系大学が５校もベスト10に入っている。工業系大学は当然のことながら理工系の学部しかなく、この学部系統は就職率が高いこともあって、大学全体の就職率を押し上げていると見られる。大手大学にも理工系学部はあるが、大学全体となると就職率が低めの文系学部と一緒に集計されるため就職率は下がってしまう。12年の早稲田大の創造理工学部の就職率は87・４％だが、大学全体では75・２％にとどまっている。

次に、〔表４〕の卒業生が１００人以上１０００人未満の大学を見ていこう。トップは三重県立看護大と豊田工業大の１００％。さらに明治薬科大、京都薬科大、東北薬科大が続き、６位の富山県立大は工学部の単科大学だ。ベスト10すべてが理系の大学だった。

２０１２年に初めて新卒の薬剤師が卒業したことで、製薬会社をはじめ多くの企業で採用が活発になり、不況にもかかわらず大変な売り手市場となった。そのため薬科大学が上位にきているということがわかる。

学生に人気の業種は銀行で、電機は不人気

今の学生には、どんな企業が人気なのだろうか。学生の就職に詳しい専門家は「不況の影響から安定志向が強まっている一方で、商社などのグローバル企業志向も強くなっています。学生の企業研究があまり進まず、以前から知っている大手企業志向になっているように感じます」と言う。

なかでも銀行の人気が高い。メガバンクだけでなく地方銀行も人気だ。経営危機を迎えても最後は政府が救ってくれる安心感があるのだろう、寄らば大樹の陰の現状では銀行が一番人気だ。メガバンクともなれば、1行あたり5万件を超すエントリーシートの応募があるという。大学の就職担当は「もしかして、ひょっとしてはないものと思えと、現実的な企業選びを勧めています。5万人の中から最終的に採用されるのは多くても800人ぐらいですから、競争率は62・5倍にもなります」と言う。そのメガバンクに強いのは慶應義塾大、早稲田大など難関大だ。

総合商社も人気で、最近は東京大生に人気が高い。収益がいいことに加えて、大手商社では若手社員全員に海外勤務を命じて、企業のグローバル化だけではなく、社員

のグローバル化教育を実践していることも人気の理由のようだ。

「難易度が高い大学に在籍しているから、就活は大丈夫」というのは幻想にすぎない。「優」をたくさん取り、「大学での成績は抜群だから就活は大丈夫」というのも甘い考えだ。それが採用の決め手にはならないのだ。問題を発見し、解決していく能力など、社会に出て本当に活用できる能力が求められている。これは昔も今も変わらないと言えるだろう。ただ、企業の社員研修が経費の問題もあって縮小され、即戦力を求める傾向が強くなってきており、大学の人材育成もその方向を目指している。

さらに、トップ大学の学生の中には、不動産のように採用枠が少ない企業を好む傾向がある。採用者が少ないだけに難関をかいくぐって就職した満足感がある上に、この10年ぐらいはハートの強い学生が減って、同期の社員のみんなの顔が見えて安心して仕事をしたいこともあるようだ。食品の人気も高い。採用は少ないが、安定企業である上に、身近でなじみがあることが人気の理由だ。

人気の高いインフラでも電力会社の人気が下がり、ＪＲの人気が高い。なかでもＪＲ東海は東海道新幹線があって収益が安定していることに加え、新幹線を輸出するなど国際競争力が高いことが評価されている。その上、東京と大阪を1時間で結ぶリニア中央新幹線の計画が、将来性という面からも評価が高いようだ。

一方、人気が下がっているのが電機だ。パナソニックやシャープの大量リストラなど、業界全体のイメージがダウンしている。業績、国際競争力ともに下がっていることが響いている。

自動車も中国の工場が反日運動で襲われたり、タイの洪水で部品が滞《とどこお》ったり、もろさが露呈していることからやや敬遠されている。電機といい自動車といい、日本の産業を牽引《けんいん》してきた業種の人気に、陰りが出ていると言えよう。

不況の時代だからこそ、学生は安定した企業に出世しなくてもいいから、そのまま定年まで勤めたいと考えている。しかし、企業にとっては閉塞感がある時代だからこそ、それを突破していく力のある学生を求めている。グローバル化の時代を迎え、世界のどこにでも行くぐらいの気概ある学生こそ、企業が求めている人材だ。

就活を通して学生は一回り大きく成長する。就活前の3年生の時にはまだまだ幼く、将来への夢はあっても地に足がついていない感じを受けることもある。それが真剣に就活に取り組み、内定を勝ち得た学生というのは自信に満ち、頼もしくなる。初めから就活がうまくいくような学生は、ほんの一握りで、みんな挫折《ざせつ》を味わいながら乗り越えていき、たくましく成長していくのは今も昔も同じだろう。

ただ、就活がうまくいかず、苦しんでいる子どもを見ていると、最近の親はついつい「うまくいかないのなら来年に延ばしたら」などと言ってしまいがちだ。しかし、それは本人のためにならない。今年うまくいかなかったからといって、来年うまくいく保証はどこにもない。とにかく、最後まで諦めずに頑張るよう励ますことが大切だ。

親はあくまでもサポートする立場で、子どもの奮闘を見守ることだ。苦しんでいても、落ち込んでいても、乗り越えるからこそ大きく成長するわけで、それを邪魔しては成長を妨げることになる。うまくいかないのなら「大学のキャリアセンターに相談したら」とか、「大企業でなくても、自分のやりたいことが実現できる会社にしたら」とか、大人としてのアドバイスをしてあげることが大切だろう。

これは大学受験でも同じだ。まずは目標を高く持つことが大切だ。受験生はすぐに現実に妥協してしまう。「今の成績で行けるところでいいや」という気持ちは最後の最後まで隠しておかないとけっしていい結果は出ない。途中で妥協してしまうと、その後、成績が下がり続けることだってある。「諦めずに頑張りなさい」と励ますことが大切なのだ。

大学受験は親離れ、子離れのチャンスでもある。志望校選び、学習の進行は本人に任せ、経済的支援や適性判断など、後方支援に徹することが必要だ。地元志向が進んでいるが、都会の大学に進学させ、一人暮らしをさせるのもいいのではないか。親にしても子どもの下宿に泊まり、京都や東京見物にいそしむ楽しみも出てくる。心配より成長を優先させてはどうだろうか。

今後も少子化が進み、大学の置かれている状況は厳しさを増していく。昔では考えられなかった大学淘汰が進むことも間違いない。大学選びに経営の観点も求められるようになってきている。各大学とも改革は待ったなしの状況だ。今後も大学はどう変わっていくのか、注視していきたい。

切りとり線

★読者のみなさまにお願い

この本をお読みになって、どんな感想をお持ちでしょうか。祥伝社のホームページから書評をお送りいただけたら、ありがたく存じます。今後の企画の参考にさせていただきます。また、次ページの原稿用紙を切り取り、左記まで郵送していただいても結構です。

お寄せいただいた書評は、ご了解のうえ新聞・雑誌などを通じて紹介させていただくこともあります。採用の場合は、特製図書カードを差しあげます。

なお、ご記入いただいたお名前、ご住所、ご連絡先等は、書評紹介の事前了解、謝礼のお届け以外の目的で利用することはありません。また、それらの情報を6カ月を越えて保管することもありません。

〒101-8701（お手紙は郵便番号だけで届きます）
祥伝社新書編集部
電話03（3265）2310
祥伝社ホームページ　http://www.shodensha.co.jp/bookreview/

★本書の購買動機（新聞名か雑誌名、あるいは○をつけてください）

＿＿＿＿新聞の広告を見て	＿＿＿＿誌の広告を見て	＿＿＿＿新聞の書評を見て	＿＿＿＿誌の書評を見て	書店で見かけて	知人のすすめで

★100字書評……笑うに笑えない　大学の惨状

名前

住所

年齢

職業

安田賢治　やすだ・けんじ

1956年、兵庫県生まれ。早稲田大学政治経済学部卒業後、大学通信入社。以来、30数年にわたって、大学をはじめとするさまざまな情報を、書籍・情報誌を通じて発信してきた。現在、常務取締役、情報調査・編集部ゼネラルマネージャー。私立学校のコンサルティングにも協力し、学校経営の内実に詳しい。著書に『中学受験のひみつ』(朝日出版社)がある。

笑《わら》うに笑《わら》えない　大学《だいがく》の惨状《さんじよう》

安田賢治《やすだけんじ》

2013年10月10日　初版第1刷発行

発行者……………竹内和芳
発行所……………祥伝社しょうでんしゃ
〒101-8701　東京都千代田区神田神保町3-3
電話　03(3265)2081(販売部)
電話　03(3265)2310(編集部)
電話　03(3265)3622(業務部)
ホームページ　http://www.shodensha.co.jp/

装丁者……………盛川和洋
印刷所……………萩原印刷
製本所……………ナショナル製本

Printed in Japan　ISBN978-4-396-11339-1　C0236
JASRAC　出1311739-301

〈祥伝社新書〉
日本の歴史を知る・歩く

222
《ヴィジュアル版》東京の古墳を歩く
知られざる古墳王国・東京の全貌《ぜんぼう》がここに。歴史散歩の醍醐味《だいごみ》！
明治大学名誉教授 大塚初《はつ》重《しげ》 監修

268
天皇陵の誕生
誰が、いつ、何を根拠に決めたのか？ 近世・近代史の視点で読み解く
成城大学教授 外《と》池《いけ》 昇

316
古代道路の謎 奈良時代の巨大国家プロジェクト
巨大な道路はなぜ造られ、廃絶したのか？ 文化庁文化財調査官が謎に迫る
文化庁文化財調査官 近《おお》江《み》俊秀

325
富士山文化 その信仰遺跡を歩く
世界文化遺産だけではわからない、本当の富士山の魅力がここに！
拓殖大学名誉教授 竹谷靫《ゆき》負《え》

336
日本の10大庭園 何を見ればいいのか
日本人が知らない、日本庭園の基本原則をやさしく解説――
造園家 重森千《ち》青《さを》

〈祥伝社新書〉
大好評！ 話題の書

295
なぜビジネスホテルは、一泊四千円でやっていけるのか
次々と建設されるＢ・Ｈの利益構造を明らかにし、業界の裏側をはじめて明かす
牧野知弘

334
だから、日本の不動産は値上がりする
日本経済が上向くとき、必ず不動産が上がる！ そのカラクリがここに
牧野知弘

190
発達障害に気づかない大人たち
ＡＤＨＤ・アスペルガー症候群・学習障害……全部まとめてこれ一冊でわかる！
福島学院大学教授 星野仁《よし》彦《ひこ》

247
最強の人生時間術
「効率的時間術」と「ゆったり時間術」のハイブリッドで人生がより豊かに！
明治大学教授 齋藤 孝

312
一生モノの英語勉強法
「理系的」学習システムのすすめ
京大人気教授とカリスマ予備校教師が教える、必ず英語ができるようになる方法
京都大学教授 鎌田浩毅
研伸館講師 吉田明宏